돈 버는
로컬

———

이 책은 2021년 대한민국 교육부와 한국연구재단의 지원을 받아 수행한 연구
이다. (과제번호: NRF-2021S1A3A2A01096330)

서강대학교 SSK(Social Science Korea) 지역재생 연구팀은 교육부(한국연
구재단)의 지원을 받아 지역창업과 중간지원조직을 중심으로 지역변화의 가
능성을 연구하고 있다.

DMO 지역관광 마케팅

돈 버는
로컬

야나기하라 히데야 지음

윤정구·조희정 옮김

미나미오구니마치(南小国町)의 기적

더가능연구소
THE POSSIBILITY LAB

목 차

4천 명 규모의 작은 마을이
돈 버는 마을로 다시 태어나다

인구 4천 명의 작은 마을에서 '엄청난 일'이 일어나고 있다.

28년간 적자였던 마을의 물산관*이 1년도 채 안 되어 흑자로 전

＊물산관(物産館, products museum)은 마을 또는 국가가 생산하는 특산물과 유명 상품 등을 전시하여 소개·보급하는 시설이다. 실지 기간에 따라 상설 영구 시설과 임시 시설이 있다. 상설 영구 시설은 각 현이 도쿄에 설치하는 것이고, 임시 시설은 박람회나 견본도시에 설치하는 것이다. 방문객에게 마을상품을 소개하는 지역 물산관과 외지에서 마을상품을 소개하는 출장 물산관으로 구분하기도 한다. 주로 상품 소개와 전시를 목적으로 하지만 그 외에도 시장 조사, 거래처 소개, 정보 수집·제공, 상품 무료 배포, 특산품 판매 등의 기능도 있다. 특수한 예로는 선박과 차량에 의한 이동식 물산관이 있다[출처: 일본대백과전서(日本大百科全書)]. 우리나라에서는 물산관이라는 용어를 사용하지 않으므로 그 의미를 살려 '지역상품 판매소'로 표기한다. (역주)

환되었다. 그뿐만 아니라 채무초과 직전에 기록한 누적적자 7천만 엔은 수년 안에 해소될 전망이다. 2017년에 1억 엔이었던 고향납세* 기부금은 2년 만에 750% 증가하여 코로나가 불어닥친 2020년에도 2019년보다 많은 기부금을 받았다.

마을 중심부의 멋진 코워킹 스페이스에 많은 젊은이가 찾아오고, 주민은 마을에 젊은이가 눈에 띄게 늘어났다고 입을 모은다. 이 극적인 변화의 비밀을 알기 위해 마을 밖에서 견학 의뢰가 끊이지 않는다.

이 마을은 바로, 일본 구마모토현 동북부의 아소군(阿蘇郡)에 있는 미나미오구니마치(南小国町)**다.

이 책은 일본 어디에서나 볼 수 있는 평범한 작은 마을이 '돈 버는 마을'로 거듭나기까지의 과정을 소개한다.

구로가와(黒川) 온천이 있는 마을의 고민

미나미오구니마치를 모르는 사람이라도 구로가와 온천이라는 이름은 한 번쯤 들어봤을 것이다. 미나미오구니마치는 바로 그 구로가와 온천이 있는 마을이다. 이 온천에는 약 30개 숙박 시설이 있고,

---

*일본의 '고향납세'는 우리나라에서는 2023년 1월부터 '고향사랑기부제'라는 이름으로 시행되고 있다. 일본의 시행 사례에 대해서는 黒井克行. 2019. 『ふるさと創生: 北海道 上士幌町の キセキ』. 木楽舎;. (윤정구·조희정 역. 2021. 『시골의 진화: 고향납세의 기적, 가미시호로 이야기』. 서울: 더가능연구소) 참조. (역주)
**이하에서는 이 글의 맥락 혹은 공식적으로 표현하는 기준에 따라 '미나미오구니'라고도 표현한다. (역주)

연간 백만 명 이상의 관광객이 찾아온다. 매년 일본의 인기 온천 톱 10에 꼽히는 유명한 온천이다.

이 정도로 '뛰어난 콘텐츠'가 있는 마을이라면 많은 홍보비를 들이지 않아도 관광객이 많이 올 테니 힘든 사정은 없을 거라고 생각할수 있다. 그러나 이 마을에도 큰 고민이 있다.

구로가와 온천에 묵은 숙박객의 만족도도 높고 반복방문객*도 많은 편이지만, 체류 시간이 짧고 온천에서 말고는 소비가 너무 적다. 즉 경제적으로 윤택한 것은 구로가와 온천 주변뿐이다.

미나미오구니마치의 주요 산업은 농업과 임업인데, 인력 부족이 심각하고 매력적인 농림 상품이 있어도 브랜드화와 고부가가치화를 이루지 못했다.

산골 풍경이 아름답고 NPO법인 '일본에서 제일 아름다운 마을연합'에도 속해 있지만, 그토록 아름다운 경치를 유지하기 위해서는 지속적으로 관리해야 하는데 관리 인력조차 부족한 상황이다. 관리가 이루어지지 않으면 순조롭게 진행되고 있는 온천 관광업에까지 악영향을 줄 수밖에 없는 한계에 직면해 있다.

구로가와 온천을 시작으로 관광업 부문에서도 고민이 많다. 날씨와 재해, 그리고 불안한 경제환경의 영향을 직격탄으로 받기 때문이다. 2016년 구마모토 지진 때는 온천 관광객도 급감했다.

---

*일본에서는 지역에 반복해서 방문하거나 상품을 반복해서 구매하는 사람을 '리피터(repeater)'라고 부른다. (역주)

코로나 위기 속에서도 매출과 기부금 증가

그런데 지금 미나미오구니마치는 상승세다. 코로나에도 그 열기는 식지 않고 있다. 긴급사태 선언과 휴업 조치 등의 영향은 다소 있지만 지역상품 판매소 매출과 고향납세 기부금은 대부분 증가하고 있다.

코로나 위기에서 이 정도로 벌어들이게 된 이유는 '관광만으로 버는 마을'에서 '마을 전체가 버는 마을'로 새로 태어났기 때문이다.

그 핵심 역할을 한 것은 2018년 7월 설립된 미나미오구니의 DMO, '㈜SMO 미나미오구니'(이하 SMO)다. DMO는 '지역관광 추진조직 (Destination Management/Marketing Organization)'이다. SMO는 '미나미오구니 통합물산관 키요라카사'와 '미나미오구니마치 관광협회'의 기능을 합쳐서 만든 중간지원조직이다.

SMO는 '지역상사*, 관광 진흥, 정보제공, 미래 만들기'라는 네 가지 사업을 기초로 마을의 각 산업이 관광을 중심으로 연대하여 마을 전체가 수익을 낼 수 있는 구조를 만들었다. 앞서 소개한 지역상품 판매소와 고향납세도 이 구조 속에서 추진되는 사업들이다.

SMO에는 42명이 근무하고 있는데 그중에 14명은 외지인이다. SMO의 마을 만들기에 매력을 느껴 근무하려고 이주한 젊은이도 있다. 이렇게 SMO는 일자리 제공과 고용 창출에도 기여한다.

2021년 1월 기준으로 (등록 DMO와 후보 DMO를 포함하여) 전국에 300여 개 DMO가 있다. 주로 마을에 손님을 유치하고 여행 소비를 확대하는 활동을 한다.

물론 모든 DMO가 그 기능을 충분히 수행하고 있는지는 의문이다. 마을과 합의하여 상품과 시스템을 정비하고 착실히 벌어들이고 있다고 자부할 수 있는 DMO가 몇 개나 될까. DMO로 이익을 창출하고 자립경영을 할 수 있는 곳은 매우 드물다.

그러나 비관할 일은 아니다. 어딘가 문제가 있다면 그 문제를 해결하면 된다.

＊지역상사(地域商社)는 우리말로 번역하면 마을기업일 수 있지만 일반적으로 알려진 마을기업과는 조금 의미가 다르다. 일본 정부는 2020년까지 지역상사 100개를 만들겠다는 계획을 제시한 바 있다. 2019년 2월, 제2기 마을·사람·일 창생종합전략에서 '각 지역에는 충분히 알려지지 않은 농산물, 공예품, 전통, 역사, 경관 등 매력 넘치는 자원이 잠들어 있다. 이런 지역 고유의 유일무이한 우수 자원을 갈고 닦아 소비자에게 호소력을 높이고 해외시장을 포함한 판로를 개척하여 부가가치를 창출하는 일이 중요하다. '지역 자원을 활용한 새로운 상품과 서비스 개발, 마케팅, 브랜딩, 판로 개척 비즈니스를 하기 위해 지역 생산자를 한데 모아 기획하는 주체가 지역상사'라고 밝히고 있다. 또한, 일본 중소기업청은 2015년 중소기업백서에서 '전국이 아니라 지역에 밀착하여 사원 발굴, 자원 활용법 검토, 시장 조사, 상품 개발, 판로 개척, 판매 촉진, 판매 정보(기업 정보) 제공 등 지역 생산자 활동을 전면적으로 지원하고, 동시에 국내외에 판매하는 조직이 지역상사'라고 규정했다. '지역상사는 시장과 가까우면서도 생산자에 가까운 존재여서 양자 간의 징검다리 역할을 한다'라고 밝히고 있다. 즉, 지역경제를 활성화할 수 있는 종합 기능을 하는 핵심 주체로서 지역상사를 자리매김하겠다는 이야기다. 이미 수많은 마을기업이 존재하고 있는데 또다시 새롭게 지역상사 개념을 강조한 것이다. 지역상사에 관한 좀 더 자세한 내용은 송인방·조희정·박상혁. 2022. 『제3의 창업 시대: 로컬, 청년, 사회』. 서울: 더가능연구소. 제9장 참조. (역주)

관광지역 만들기에
'사업개발' 관점을 적용하다

그 해결의 열쇠가 되는 것이 '사업개발' 관점이다. 마을에 사업개발 기법을 적용하여 돈을 벌 수 있는 원동력, 즉 비즈니스 모델(BM, Business Model)을 만드는 것이다. 능력은 있지만 숨어있는 사람을 발굴하여 적재적소에서 힘을 발휘하게 하고, 기능하지 않는 조직을 움직이게 만든다. 회사를 경영하는 것처럼 마을을 경영하는 것이다.

내가 아는 한 일본 전국의 모든 마을이 직면한 문제들은 놀랄 정도로 비슷하다. 인구감소가 이어지고 기능하지 않는 제3섹터가 방치되어 있다. 능력은 있지만 활동할 수 없는 사람들이 많다.

그러한 조직과 사람을 발견하여 '기능'할 수 있도록 바꾸는 것이 중요하다. 빅데이터를 활용하여 어렴풋이 알고 있지만 근거를 확보하기 힘든 일, 정확한지 어떤지도 모르던 일을 파악하여 문제해결에 이용할 수도 있다.

미나미오구니마치와 SMO는 3년 동안 그런 작업을 실천해왔다. 지금의 상승세는 그 작업이 축적되어 나타난 결과다.

*

인사가 늦었습니다. ㈜DHE(이하 DHE) 대표 야나기하라 히데야입니다. 우리 회사는 IT와 마케팅, 브랜딩 분야의 전문 지식을 살려 과제해결을 위한 사업을 개발하고 솔루션을 제공합니다. 데이터 등 객관적 정보를 활용하여 현재 상황과 과제를 가시화하여 과제해결에 도움되는 인터넷 정보제공, 동영상 제작, 웹사이트 구축, SNS 디지털 마케팅 등을 전문으로 하는 회사입니다.

저는 학창 시절에 창업한 경험이 있고, 대학 졸업 후에는 광고대리점에서 일했습니다. 그 후 창업한 지 얼마 안 된 ㈜디지털 할리우드(이하 디지털 할리)에 입사했습니다.

디지털 할리에서는 IT와 디지털 전문 인재를 육성하는 학교 설립과 홍보를 담당했습니다. 학교 설립 장소를 정하면 그 지역에 깊게 관여하여 적합한 비즈니스 모델을 만들었고, 사업이 본궤도에 오르면 현지 직원에게 맡기고 다른 지역으로 옮겨가며 사업을 전개했습니다. 이렇게 하치오지(八王子), 오사카(大阪), 후쿠오카(福岡), 한국의 서울에서 학교 설립 사업을 진행했습니다.

디지털 할리의 자회사 ㈜디지털 할리우드·엔터테인먼트(DHE의 전신) 대표가 된 후에는 사업개발, 브랜딩, 마케팅 업무를 진행했습니다. 인바운드* 수요에 대응한 시가현(滋賀県) 오쓰시(大津市) 관광 홈페이지 제작 수주를 계기로 2015년부터 지역 사업을 전개했습니다.

2015년은 일본판 DMO 등록제도가 시작된 해이자, '폭발적 구매(瀑買い)'라는 말이 그해의 유행어 대상을 차지한 때이기도 합니다.

---

*관광 분야에서는 내국인의 해외 관광을 아웃바운드 관광, 외국인의 국내 관광은 인바운드 관광으로 구분한다. (역주)

연간 일본을 방문하는 외국인 여행자 수가 1,973만 명에 이르던 때여서 이때를 기점으로 전국 각지에서 지역 활성화 사업에 관한 의뢰를 받게 되었습니다. 2017년 12월에는 미나미오구니마치로부터 컨설팅 의뢰를 받아 미나미오구니마치 관광 만들기 사업을 3년간 진행했습니다.

그로부터 4년이 지난 지금 미나미오구니마치는 크게 변했습니다. SMO를 중심으로 '마을 전체가 버는 일'이 가능해졌습니다. 코로나로 구로가와 온천의 운영이 무척이나 힘들었는데도 마을 전체가 돈을 벌게 된 것입니다. 인구 4,000명 남짓한 작은 마을이 수익금으로 독자적인 보조금도 운영할 수 있게 되었습니다.

이 책에서는 그 3년 동안의 사업 추진 과정을 자세히 소개하고자 합니다.

제1장에서 제4장까지는 SMO 설립 전까지의 마을 상태, 설립 준비 과정, 설립 후의 성과를 시간순으로 살펴봅니다. 마을 사람들이 생각하고 행동하는 과정을 죽 따라가다 보면, 관광을 중심으로 마을 전체가 수익을 창출하는 다양한 방법에 관한 아이디어가 자연스럽게 떠오를 것입니다.

이어서 제5장과 6장에서는 코로나를 경험한 미나미오구니마치가 지금 무엇을 생각하고 어떤 사업을 진행하는지를 소개합니다. 코로나 위기 속에서도 지방이 살아남을 수 있는 묘수를 찾을 수 있다면 정말 기쁘겠습니다.

돈 버는 로컬

미나미오구니마치는 어떻게 '버는 마을'로 새롭게 태어났을까요.
자, 여러분을 미나미오구니마치로 초대합니다.

미나미오구니마치의 관광지역 만들기 과정

2017년 12월 '미나미오구니 DMO 설립검토위원회' 구성

2018년 3월 검토위원회가 '미나미오구니 DMO' 설립을 행정기관에 제안

2018년 4월 '미나미오구니 DMO 설립검토위원회'를 '미나미오구니 DMO 설립준비위원회'로 명칭 변경

2018년 6월 위원회에서 '㈜SMO 미나미오구니' 설립 결정

2018년 7월 SMO 미나미오구니 설립. 초대 COO 기타오카 아쓰히로(北岡敦広) 취임

2018년 12월 SMO 미나미오구니 이사회에서 '3개의 화살 전략' 결정

2019년 3월 SMO 미나미오구니 이사회에서 사업계획서 결정

2019년 5월 '미래 만들기 거점 MOG' 오픈

2019년 10월 2대 COO 아베 고지(安部浩二) 취임

2020년 3월 미나미오구니마치와 DHE의 계약 종료

제1장

구로가와 온천이 있는 마을,
마을 전체의 관광지역
만들기를 시작하다

작은 마을

미나미오구니마치는 몰라도 '아소(阿蘇)'라면 아는 사람이 많을 것이다. 아소오악(五岳)*, 소와 말이 풀을 뜯는 풍경. 이 아소에 미나미오구니마치가 있다.

나는 항상 미나미오구니마치를 갈 때 구마모토 시내에서 자차로 이동한다(나는 지금 도쿄와 미나미오구니마치에서 두 거점 생활*을 한다). 활화산인 아소산 방향으로 차를 몰다 보면 특유의 웅장한 풍

---

*아소산은 구마모토현과 오이타현에 걸쳐 있는데, 그 산의 5개 봉우리인 다카다케(高岳, 1,592.3m), 나카다케(中岳, 1,506m), 네코다케(根子岳, 1,408m), 에보시다케(鳥帽子岳, 1,337m), 기시마다케(杵島岳, 1,270m)를 아소5악(阿蘇五岳)이라고 부른다. (역주)

**일본에서는 두 지역에서 생활하는 방식을 더블 로컬(double local)이라고 부른다. (역주)

경이 눈에 들어온다. 아소의 칼데라 지형을 지나 212번 국도로 북상하면 미나미오구니마치다. 구마모토에서 미나미오구니마치까지는 차로 1시간 반 정도 걸린다.

마을에 들어서면 도로 양쪽에 아소 특유의 초원과 유명한 오구니 삼나무가 보인다. 봄과 여름에는 초원이 푸르고 가을과 겨울에는 노란 들판이 인상적이다. 동틀 때와 해 질 때는 햇빛을 받아 아름다운 황금색 들판을 볼 수 있다. 이 풍경을 보노라면 '아, 미나미오구니에 왔구나' 하고 비로소 실감하게 된다.

미나미오구니마치는 구마모토현 아소군에 있는 인구 3,926명의 작은 마을이다(2020년 12월 말 기준). 구마모토현 동북부, 규슈 최대 하천 지쿠고강(筑後川) 발원지에 있으며, 서쪽으로 후쿠오카현(福岡県), 동쪽으로 오이타현(大分県)에 접해있다. 아소 가이린산(外輪山), 구쥬렌산(九重連山)의 해발 430-945m에 있어서 마을 일부는 아소 구쥬국립공원에 속해있다. 총면적은 116제곱미터다.

주요 산업은 농업, 임업, 관광업이다. 마을 내 생산 비율을 보면 농업 5%, 임업 2%, 관광업이 44%를 차지한다. 1차 산업인 농업과 임업은 생산 비중이 작지만, 산골 풍경과 은혜의 원천이 되는 중요한 존재다. 농업으로는 쌀과 채소, 꽃을 생산하며, 임업으로는 오구니 삼나무가 유명하고 마을 총면적의 약 80%가 숲이다.

관광업의 대표 거점은 말할 것도 없이 인기 온천지 구로가와 온천이다. 여관·호텔 예약 사이트의 '인기 온천 2021'에서 6위를 기록했고, 매년 '전국 온천 톱 10'에 오르는 유명한 곳이다.

독특한 풍경을 자아내는 미나미오구니마치의 쥐불놀이

구마모토현 명물 100경에 선정된 계곡

돈 버는 로컬

구로가와 온천은 '구로가와 온천 지역이 하나의 료칸(여관)'이라는 콘셉트로 운영된다. 온천 마을 전체가 마치 하나의 료칸 같은 통일된 분위기여서 쪽빛의 소박한 분위기가 매력이다. 온천의 료칸 경영자들은 료칸의 경계를 넘어 협력하고 자연과 건물이 조화로운 환경을 만들기 위해 오랫동안 노력해왔다.

1986년부터 구로가와 온천의 노천온천 중에 세 곳을 들를 수 있는 '목욕쿠폰'을 발행하여 지금까지 누계 300만 매 이상 판매해 오고 있다. 이런 노력을 지속한 덕분에 전국 굴지의 인기 온천지로 성장했다.

미나미오구니마치에 구로가와 온천만 있는 것은 아니다. 들판에 여러 온천이 늘어서 있는 하라 온천(原温泉), 도로에서 목욕하는 모습이 보여 '일본 제일의 부끄러운 노천온천'으로 유명한 만간사 온천(満願寺)과 다이라케(平家) 반딧불이 서식지, 오다강(小田川) 옆의 오다 온천, 숨겨져 있는 듯한 료칸과 천연 온천을 즐길 수 있는 캠핑장이 있는 시로카와 온천(白川温泉) 등 마을 하나에 색다른 온천이 매우 많다.

미나미오구니마치와 오구니마치를 합친 지역은 예로부터 '오구니코(小国郷)'라고 불린다. 이 지역은 소바 식당이 많은 것으로도 유명한데, 용천수를 사용하여 만든 소바는 관광객뿐만 아니라 주민에게도 인기다. 소바 식당이 늘어선 '소바 거리'를 찾아 많은 관광객이 찾아온다.

2020년 3월에 수립한 제4차 미나미오구니마치 종합계획에 의하

구로가와 온천 풍경

돈 버는 로컬

면 '살기 좋은 마을'이라고 응답한 세대가 70%를 넘는다. 채소를 서로 나눠 먹고 어린이집과 초등학교가 마을 안에 세 곳씩 있으며 아동의료지원제도가 충실하다는 것이 주된 이유인 것 같다. 이렇듯 마을자원과 관광자원이 풍부한 살기 좋은 마을이다.

그러나 이 마을에도 오래된 문제가 있다.

마을의 세 가지 문제

[문제 1] 인구감소

최대 문제는 인구감소다. 미나미오구니마치 총인구는 1955년 7,761명을 정점으로 계속 감소하고 있다. 2020년 12월 말 인구는 3,926명으로 2060년이 되면 2,422명 규모로 감소할 것이라고 한다.[*]

이렇게 감소가 계속되면 마을의 세수만으로는 인프라 유지가 어렵고, 주민 서비스도 제대로 제공할 수 없다. 또한 관광객에게도 이제까지 해왔던 수준의 서비스를 제공할 수 없을 것이다.

산골과 초원 유지도 어려워질 것이다. 산골은 사람이 일상적으로 드나들면서 목재와 산나물을 채취해 생활해 온, 마을과 가까운 곳의 삼림을 말한다. 사람의 손이 닿으면서 처음으로 이루어진 자연풍경인 것이다.

초원도 마찬가지다. 아소의 초원은 봄에 쥐불놀이(들불놀이)를 하

---

[*] 출처: 국립사회보장·인구문제연구소 추계.

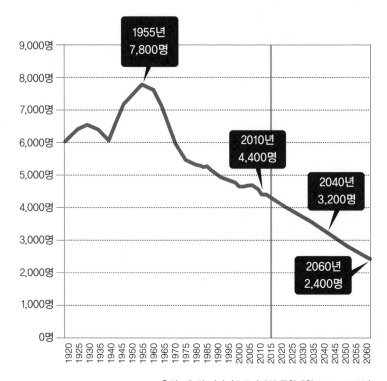

미나미오구니마치의 인구 추이

1955년
7,800명

2010년
4,400명

2040년
3,200명

2060년
2,400명

※ 출처: 제4차 미나미오구니마치 종합계획 2020-2029년

여 새싹이 나는 것을 북돋고 소와 말의 여물이 되는 풀을 키우는 전통적인 방법으로 유지된다. 그런데 인구가 줄어 1차 산업 종사자가 줄어들면 이런 산골과 초원에 가는 사람 자체가 없어진다. 특유의 자연과 경치를 좋아하던 관광객들도 매력을 느끼지 못하게 될 것이다.

이런 문제를 해결하기 위해서는 이주와 정주를 촉진하고 관계인

돈 버는 로컬

구*와 교류인구를 늘려 1차 산업 종사자를 늘려야 한다. 그러나 지금 상태로는 마을에 일거리가 없다고 생각하는 많은 젊은이가 모두 마을 바깥으로 나가버린다. 돌아오는 사람도 있지만, 나가는 사람이 더 많은 상황이다.

[문제 2] 유명한 온천 마을

현재 미나미오구니마치의 주 수입원은 구로가와 온천 주변 마을에서 발생한다. 그 이외의 장소에서는 관광객이 돈을 쓰지 않는다.

코로나가 발생하기 전에는 연간 100만 명의 관광객이 방문했다. 대부분 구로가와 온천에 가려는 사람들이었다. 그러나 구로가와 온천이 마을의 빛나는 콘텐츠임에도 불구하고 온천 숙박객의 체류 시간이 짧은 것이 문제다.

전체 숙박객의 50%가 오후 3시에 마을에 도착한다. 온천 마을을 산책하고 노천온천에 들렀다가 밤이 되면 료칸에 돌아와 저녁을 먹는다. 그리고 체크아웃하는 날 12시 전에 75%의 숙박객이 마을을 떠난다. 연간 100만 명이나 찾아오지만 체류 시간이 너무 짧다.

그마저도 관광업 호황기에는 괜찮다. 그러나 자연재해, 궂은 날

＊일본에서 만들어진 '관계인구' 개념은 '관광 이상, 이주 미만의 인구'로서 지역에 반복해서 방문하거나 지역활동에 관심을 갖는 일종의 지역응원인구를 의미한다. 관계인구에 대해서는 田中輝美. 2017. 『関係人口をつくる: 定住でも 交流でもない ローカル イノベーション』. 木楽舎;. (윤정구·조희정 역. 2021. 『인구의 진화: 지역소멸을 극복하는 관계인구 만들기』. 서울: 더가능연구소) 참조. (역주)

씨, 불경기에 좌우되기 쉬운 환경이라는 것이 문제다. 마을 전체가 구로가와 온천에만 의존해서 그곳에 문제가 발생하면 바로 수입이 뚝 끊길 위험에 처해있다.

2016년 구마모토 지진이 발생했을 때 구로가와 온천을 시작으로 마을 전체가 타격받았다. 온천 관광객이 줄면 온천에 납품하는 사업자도 타격받는다. 관광객을 대상으로 영업하는 마을 음식점 역시 마찬가지다.

구마모토 지진 후, 관광객 수가 감소하다가 2018년부터 겨우 회복되기 시작했다. 그해 외국인 숙박객은 과거의 최대 규모였던 87,000명까지 늘었다. 이는 2008년 외국인 숙박객 수의 2배 규모이다. 그러나 2020년 코로나로 인해 당분간 외국인 숙박객을 기대하기 어렵게 되었다.

주민들은 구로가와 온천에 의존할 것이 아니라 다른 산업도 활성화하여 마을 수입을 늘려야 한다는 필요를 느끼기 시작했다.

[문제 3] 만성 적자

전국에는 마을마다 지역상품 판매소가 있다. 미나미오구니마치 지역상품 판매소는 1992년 설립된 제3섹터 '미나미오구니마치 지역상품 판매소 키요라카사'(이하 키요라카사)다.

(간혹 흑자였던 적도 있지만) 키요라카사는 설립한 이후로 28년간 적자를 기록하고 있다. 채무초과가 될 만한 위기 상황이 되면 몇 번이고 마을이 증자했다. 우리 회사가 미나미오구니마치와 일을 시작

지역상품 판매소 '키요라카사'

했을 때는 누적적자 7,000만 엔 이상의 상태였다.

그 외의 문제도 있었다. 당시 키요라카사는 농가들이 가져온 채소를 늘어놓고 팔기만 했다. 상품 전시 방법이나 펍을 만들어 매출을 늘리고자 하는 등의 노력은 부족했다.

지역상품 판매소에 들어서면 종업원이 들리지도 않는 작은 목소리로 "어서 오세요"라고 반응했고, 전체적으로 공간 자체도 어두워서 활력이라고는 찾아볼 수 없었다. 그 상태가 너무 심각해서 마을 의회에서 토론할 정도였다. 2017년 방문객 수 40,000명, 매출은 5,000만 엔 정도였을 뿐이다.

당시의 대표는 외부 공모로 채용된 이주자였다. 그래서 인재도 부족했고, 장기 근무하는 직원 관리도 어려워했던 것 같다. 레스토랑도 있었지만 이미 근처에 음식점이 많아서 차별화가 이루어지지 않는 등 여러 가지 문제가 많았다.

미나미오구니마치는 규슈에서 제일 추운 지역이어서 겨울에는 기온이 영하로 떨어질 때도 있다. 그렇게 도로가 얼어버리면 손님은 더욱 줄었다. 비수기에는 레스토랑 문을 열기만 해도 적자가 되는 상황이었다.

이 같은 세 가지 문제는 마을 주민이라면 누구라도 알고 있는 문제다. 해결하지 않으면 마을의 미래에 악영향을 준다는 것을 알고 있었을 것이다. 그러나 어떻게 해보고 싶어도 주민들끼리는 각자의 사정을 서로 너무 잘 알기 때문에 선뜻 개혁하겠다며 나설 수도 없는 상황이었다.

정장의 제안으로 마을의 '기적'이 시작되다

이런 위기 상황에서 미나미오구니마치의 다카하시 슈지(高橋周二) 정장*이 나섰다. 다카하시 정장은 대학 졸업 후 고향으로 돌아와 구로가와 온천 근처에서 큰 주류 판매점**을 운영하고 있었다.

2011년 미나미오구니마치 의회의원이 되었고, 2015년 정장에 당

---

*정장(町長)은 우리나라로 치면 읍면동의 면장급 선출직 공무원에 해당한다. (역주)
**일본의 주류 판매점은 술을 파는 술집이 아니라 술 제품을 판매하는 일종의 주류 편집숍이다. (역주)

돈 버는 로컬

선되어 2019년에 재임했다. 정장은 2017년까지의 마을 상태와 문제에 대해 이렇게 평가했다.

이 마을은 구로가와 온천 덕분에 관광 이미지가 강해요. 실제로 외부로부터의 수입 때문에 구로가와 온천에 크게 의존하는 상태입니다. 구로가와 온천 이외의 마을에서는 그 정도의 수입이 나오지 않아요. 구로가와 온천에 의한 마을의 경제적 파급 효과가 지극히 한정적이라는 의미죠.

또 다른 문제는 키요라카사의 적자 문제입니다. 상황이 그렇다 보니 직원 처우도 개선하지 못하는 상태여서 직원들도 손님 응대에 소홀하게 되었습니다. 손님은 손님대로 그런 상황에 불만을 제기하고, 손님의 불만이 늘면 직원의 의지도 없어지는 '부담의 악순환'이 되풀이되는 상황입니다.

마을에는 좋은 상품이 많아서 적극적으로 팔려고 노력하면 분명히 수입이 늘 수 있어요. 게다가 키요라카사는 마을 중심지인 212번 국도변에 있어서 입지도 좋아요. 그래서 키요라카사가 부활할 수 있다고 확신합니다.

마을에는 국가 보조금뿐만 아니라 여러 종류의 돈이 들어와요. 그러나 밖으로 나가는 돈이 많으면 모처럼 생긴 수입도 남기기 어렵죠. 인구가 줄어들어도 마을이 지속해서 발전하기 위해서는 마을에 돈을 남겨야 합니다. 마을경제 속에서 돈이 순환하는 장치를 만들면 새로운 고용도 만들 수 있고 투자도 유치할 수 있습니다.

다카하시 슈지 정장

구로가와 온천은 마을의 보물이며 이미 지명도도 높아요. 이 온천을 시작으로 관광과 다른 산업을 연결하여 마을에 묻혀있는 보물을 꺼내어 갈고 닦는 '마을 만들기' 조직을 만들고 싶어요.

그러나 행정기관만으로 이런 조직을 운영하기에는 인원이 부족하고 노하우도 없어요. 그래서 외부 코디네이터인 당신에게 도움을 요청했습니다. (다카하시 정장)

다카하시 정장이 DMO 설립을 구상하고 우리 회사에 정식으로 의뢰한 때가 2017년 겨울이다. 앞으로 마을이 살아남기 위해서는 인구감소를 조금이라도 보완할 수 있는 정책이 필요하다. 이주·정주하는 사람을 갑자기 늘리는 것은 어렵지만, 관계인구와 교류인구를 조금씩 늘려가는 것은 가능하다.

마을의 팬이 늘수록 이주와 정주를 하려는 사람이 나올 가능성도 커진다. 그렇게 되면 구로가와 온천만이 아니라 마을 전체의 수입 증가를 기대할 수 있다. 온천 중심의 관광은 마을의 큰 수입원이므로 관광을 중심으로 다른 수입원에 대해서도 준비한다. 수입원이 다양해야 위험 분산에도 도움되고 일시적으로 수입이 줄어도 회복이 쉽다.

키요라카사에서도 할 만한 새로운 일을 시도하면 성장 가능성이 크다. 마케팅을 기초로 상품을 재배치하고, 고객 필요에 맞춰 패키지 상품을 개발하고, 계절이 바뀔 때마다 새로운 상품을 판매한다. 손님 응대 수준도 높인다.

이런 식의 노력은 민간기업에서는 지극히 당연한 일이다. 키요라카사도 제3섹터라고 하지만 어엿한 법인이다. 우리는 키요라카사의 잠재력을 고려했을 때, 민간기업이 당연하게 여기는 일을 실행한다면 흑자도 가능하다고 판단했다.

DMO, 관광지역 만들기의 주춧돌

책의 앞부분에서 DMO를 소개한 바 있지만 좀 더 자세히 알아보자. DMO는 관광청에 등록된 지역관광 추진조직이다.

관광청은 DMO를 "마을의 '버는 힘'을 끌어냄과 동시에 마을의 자랑과 애착을 길러내기 위해 '관광지 경영' 관점으로 관광지역 만들기의 선도적 역할을 하는 주체이다. 다양한 관계자와 협력하며 명확한 콘셉트에 기초한 관광지역 만들기 실현 전략을 수립한다. 또한 동시에 전략을 착실히 실천하기 위한 조정 기능을 갖추는 법인이다"라고 설명한다.

요약하자면 관광지역 만들기를 위한 마케팅과 경영을 위한 법인, 그것이 DMO다.

'사업개발'은 필수

다만 한 가지 말해두고 싶은 것이 있다. 'DMO를 만드는 것만으로는 돈을 벌 수 없다'는 것이다.

중요한 것은 조직의 유무가 아니라 '사업개발' 관점의 유무이다. 사업개발은 영어로 '비즈니스 디벨로프먼트(Business Development)'다. 본질은 사업을 만들어 확장하는 것이다. DMO의 본질 역시 사업을 만들어 확장하고, 그 결과로 수입이 증가하는 것이다.

사업을 늘려 돈을 벌기 위해서는 '돈 버는 원동력, 즉 비즈니스 모델(Business Model, BM)'이 필요하다. 비즈니스 모델을 탑재하고 목표를 향해 달려가는 것이 기본이다. 사업개발 관점은 모든 업종에 적용할 수 있다. 사업개발 관점이 있으면 어떤 회사라도 수익을 내 독자적으로 운영할 수 있다.

DMO에도 비즈니스 모델을 적용하자

DMO도 법인이므로 사업개발 관점이 중요하다. DMO를 일단 관광을 중심으로 하는 스타트업이라고 생각해보자.

마을을 매력적으로 만들기 위한 회사가 DMO라고 생각하면 비즈니스 모델이 필요하다는 것을 알 수 있다. 지역상사 기능이 필수적인 것이다.*

마을에서 만든 상품의 판매 및 유통 기능을 그 마을에서 가진다는 것이 지역상사의 기능이다. 고객이 마음에 들어 하는 상품을 만들어 스스로 가격을 매겨 팔 수 있게 되면 그 이익이 마을에 남는다. 자립경영을 할 수 있으므로 주민을 고용할 수도 있다. 정부 보조금에 의존하지 않으므로 마을 규모가 크건 작건 자립경영을 할 수 있다.

우선 어떤 비즈니스 모델을 통해 마을경제를 순환시킬 수 있을지 생각해보고 조사·분석하면서 사업 계획과 전략을 다듬는다. 그리고 선택 사업의 담당자를 채용한다. 마을에 없다면 밖에서 데려올 수도 있다. 조직을 정비하고 적절한 인재를 적소에 배치한다. 그다음에는 각자 자신의 역할을 하면 된다.

그렇다 해도 수입이 증가하는 DMO는 별로 없다. 왜 그럴까. 이것은 내 추측이지만 대부분 DMO를 사업개발 관점으로 경영하지 않기 때문인 것 같다. 비즈니스 모델이 없거나 있더라도 잘 기능하

---

*지역상사에 대해서는 이 책의 각주3 참조. (역주)

지 못하는 것이다.

여행사에 전부 맡겨 대형 버스로 단체 관광객을 유치하는 방식은 예전 방식이다. 예전에는 그런 식으로 큰돈을 벌 수 있었다. 그러나 지금은 여행 스타일이 변하고 있다. 유람 관광 수요는 점차 줄고, 여행에서 찾으려는 가치가 다양해지는 시대이다. 구시대 모델을 버리고 사람이 찾아오게 하는 마을을 만들기 위해서는 무엇이 필요한지, 어떻게 하면 돈을 벌 수 있을지 생각해야 한다.

비즈니스 모델이 잘 작동하도록 사람을 모으고 주목하게 하는 궁리를 하여 경제활동을 활성화해야 한다. 여기에는 마케팅 관점과 마을 브랜딩 관점도 필수적이다. 이렇게 마을의 추동력을 만들어내야 한다.

관광청이 정한 요건을 만족할 수 있다면 마을의 매력 만들기 사업은 DMO가 담당하는 것이 적절하다. 사람·상품·돈이라는 자원이 한정된 작은 마을이라면 더욱 그렇다.

실제로 다카하시 정장의 제안을 계기로 2018년 7월 ㈜SMO 미나미오구니마치라는 DMO를 설립했다. 이 기관은 관광상품 개발, 디지털 마케팅을 통한 홍보, 관광 관련 사업뿐만 아니라 마을의 고향 납세 업무, 인재 육성과 인재 매칭 업무도 담당한다(SMO 사업에 대해서는 제3장 참조).

제2장에서는 DMO 설립 전까지 마을이 어떤 상태였는가에 대해 설명한다.

목표는
'이상적인 마을 모습' 만들기,
마을의 매력 '발견'

DMO 설립 검토

2017년 12월 미나미오구니 DMO 설립 검토위원회를 설치하고 주민 대표 13명을 위촉했어요. 우선 설립 필요성부터 검토하기 시작한 거죠.

주민의 솔직한 의견을 듣고 싶었습니다. 나는 지금의 마을 상태에서는 마을 전체에 경제적 효과를 낼 수 있는 조직이 필요하다고 생각했지만, 이 생각이 100% 맞는다고는 생각하지 않았습니다.

주민이 더 좋은 아이디어를 제시한다면 기꺼이 그 의견을 귀담아들으려 했습니다. (다카하시 정장)

위원회 위원으로 위촉된 사람은 미나미오구니마치 관광협회, 구로가와 온천관광 료칸협동조합, 구로가와 온천관광협회, JA*아소 오

돈 버는 로컬

구니코 중앙지소, 아소 삼림조합 미나미오구니 지소, 미나미오구니마치 상공회, 농업, 민박, 키요라카사, 가공품 생산 그룹, 미나미오구니마치 마을만들기과, 미나미오구니마치 농림과 등 마을의 주요 산업 및 기관 대표, 즉 마을의 핵심 인물들이다.

히라노 나오키(平野直紀) 미나미오구니마치 관광협회 회장은 다카하시 정장으로부터 DMO 설립 아이디어를 들었을 때의 상황을 이렇게 회상했다.

여기는 작은 마을이라서 어떤 모임에 가도 대부분 같은 사람들이 똑같은 이야기를 할 뿐이에요. 관광협회도 새로운 방향성이나 사업을 제시하지 않아서 온통 매너리즘에 빠져버린 논의뿐이죠.

관광협회는 회장, 이사, 사무국 직원으로 구성되어 있는데, 사무국 직원 외에는 다들 본업이 있어서 마을의 독자적인 관광정책을 생각하고 실행하는 것까지는 준비하지 못하는 상태였어요.

2017년 겨울에 정장이 DMO 설립에 관한 이야기를 처음 꺼냈는데 솔직히 선뜻 지지하기 어려웠어요. 2014년 관광협회에 모리나가 미쓰히로(森永光洋)(현 SMO의 CMO 겸임) 사무국장이 부임하여 새로운 관광정책을 만들어 성과가 나타나던 시기였으니까요.

다만, 전국에 DMO 성공 사례도 있다는 이야기를 들었기 때문

＊JA는 일본 전국농업협동조합연합회이다. (역주)

에 '관광 조직을 또 하나 만드는 것은 어떨까' 하는 생각을 하기는 했죠. 그러던 차에 "DMO를 만들지 않아도 좋으니 한번 이야기나 해보자"라고 정장이 제안해서 '그렇다면 만나나 보자' 하고 생각을 바꿨어요. 그렇게 마을이 극적으로 움직이기 시작한 거죠. (히라노 회장)

'이상적인 마을 모습'이라는 목표

DHE는 DMO 설립검토위원회에 외부 컨설턴트로서 참여했다. 우리는 우선 마을의 '이상적인 모습'을 생각해봐야 한다고 판단했다. 이상적인 모습이란 원래 있어야 할 바른 모습, 그렇게 되고 싶은 이상적인 상태다.

DMO의 필요성에 대해서는 그저 머리만 굴려봤자 답이 나올 리 만무하다. 좀 더 분명한 목표가 있어야 한다. 그런데 현실과 이상적인 모습 사이에는 큰 차이가 있을 테니 이 차이를 메우기 위한 구상을 하면서 DMO의 필요성을 생각해보는 것이다.

'이상적인 모습'은 회사로 말하면 '비전'이다. 모든 회사는 '사업으로 이루고자 하는 사회'에 대한 비전이 있다. 그리고 그 비전에 따라 전략과 세부 계획을 수립한다.

마을도 마찬가지다. 더구나 DMO라는 법인을 설립하여 사업으로 돈 버는 마을을 만들고 싶다면 '이상적인 모습'을 구체적으로 생각해야 한다. 방향과 목표가 분명해야 성공 확률이 높아진다.

돈 버는 로컬

그런데 전국 각지에서 관광지역 만들기 정책을 지원하다 보면 의외로 '이상적인 모습'에 대한 구상이 빠져있는 곳이 많다. 본래 마을은 어떤 모습이어야 하는가에 관해 주민들의 논의가 충분히 이루어지지 않고 있다. 또한 '이상적인 모습'과 비전을 만들더라도 정성껏 만드는 것이 아니라 번지르하고 공허한 구호에 그치는 경우도 많다.

'이상적인 모습'은 매우 중요하다. 관광지역 만들기의 핵심이다. 이것이 제대로 이루어지지 않으면 그다음에 어떤 정책을 만들어도 잘되지 않는다. 물론 '이상적인 모습'을 발견하는 데는 시간이 걸린다. 결코 두어 시간 정도의 짧은 회의로는 만들 수 없다.

'이상적인 모습'을 만들기 위한 첫 단계는 '마을 현실 바로 알기'다. 이 과정도 오랜 시간이 걸린다.

현실 모습이 좋은 것만은 아니므로 외면하고도 싶을 것이다. 그래도 마을의 장점과 단점을 올곧이 마주하며 '이상적인 모습'을 언어로 만들어야 한다. '이상적인 모습'이 반드시 아름다운 말로 표현되는 것은 아니기 때문이다.

나는 종종 주민들에게 "우리는 '마술사'가 아닙니다"라고 말한다. 아무것도 없는 백지상태에서 '이상적인 모습'을 만들 수는 없다. 사실 이미 주민들의 마음속에 '이상적인 모습'이 있다.

우리 같은 외지인이 할 수 있는 것은 마을 정보를 알기 쉽게 정리하여 주민들 마음에 잠들어 있는 '이상적인 모습'을 찾는 것을 도와주는 것뿐이다. '이상적인 모습'을 실현하기 위한 수단을 사업개발 관점으로 제안하여 잘될 때까지 함께 지원하는 것이다. 말하자면 모두 함께 결승점을 발견하고, 그곳으로 가기 위한 차를 준비하고 길을 만드는 과정이다.

주민들은 마을 현실에 문제가 있다고 느꼈기 때문에 우리에게 지원을 요청했다. 이미 그런 상태는 마을의 '이상적인 모습'에 대한 답을 가지고 상태다. 다만 그 모습을 발견할 줄 모르는 상태이고 또한 알기는 해도 확신이 없는 상태였을 것이다. 그래서 앞으로 가야 할 길을 안내하는 방법을 아는 우리를 끌어들인 것이다. 그렇다면 그 다음 단계는 올바른 방법으로 그 모습을 찾으면 되는 것이다.

이상적인 모습을 찾는 방법

1) 주민 의견 조사

처음 시작한 일은 주민과의 대화다. 즉 '필드 워크(field work)'다. 그렇다고 갑자기 위원회를 열어 "어떤 마을이 되고 싶은지 의견을 들려주세요"라고 요청하면 활발한 의견을 제시할 리 만무하다. 그래서 우리는 주민들을 찾아가서 오랫동안 이야기를 들었다.

물론 모든 주민이 적극적으로 외지인에게 이야기해주는 것은 아니다. 외지인은 주민의 의견을 듣기 위해 좀 더 성실히 노력해야 한다. 마침 주민의 호의로 구로가와 온천 료칸의 직원 숙소를 빌려 마치 마을에 사는 것처럼 생활하며 의견을 들으러 다녔다.

밤에는 주민들과 식사도 하고 술잔도 기울였다. 그런 편한 자리에서 얻는 정보도 '이상적인 모습'을 구상하는 데 도움된다. 여담이지만 나는 처음 일을 시작하는 마을에서 정보를 모을 때는 택시, 미용실, 바가 있는 술집을 종종 애용한다.

주민의 이야기를 듣기에 앞서 '미나미오구니마치 마을만들기과'로부터 마을의 핵심 인물을 소개받았다. 대부분 DMO 설립검토위원회 위원이었고, 마을의 대표 산업에 종사하는 분들이었다.

이들은 본업도 있고 바쁜 사람들이기 때문에 한 사람당 1시간 정도 미리 질문 항목을 준비하여 자세히 의견을 들었다. 마을 상황에 따라 질문 내용은 바뀔 수 있지만, 대부분 내용은 대동소이하다. 그리고 질문할 때는 마을의 목표, 방식, 자원 등을 염두에 두고 의견을 들었다.

- 마을의 과제는 무엇인가
- 마을의 미래는 어떻게 될까, 어떻게 되었으면 좋겠는가
- 본인은 무엇을 할 수 있는가
- 마을의 과제는 어떤 사람이 있으면 해결될까
- 마을의 장점과 좋아하는 것은 무엇인가

이렇게 수집한 정보는 마을 만들기뿐만 아니라 다른 사업 전략을 수립할 때도 도움된다.

주민 의견을 조사할 때는 공무원도 적극적으로 동행했다. 나는 그런 적극적인 자세에 감동했다. 진정으로 마을을 바꾸고 싶다는 열의를 느꼈기 때문이다.

2) 정보 수집과 가설 수립

소개받은 주민들로부터 이야기를 듣고 수집한 정보들을 정리한다. 그리 어려운 작업은 아니다. 종류별로 정보를 정리하는 정도다. 많은 사람에게 이야기를 들으면 많은 정보가 모인다고 생각할 수도 있지만 비슷한 정보가 꽤 많다. 이를 주제별로 정리하는 것이다.

이 작업을 통해 주민이 마을 상황을 어떻게 보는지, 어떤 과제가 있다고 생각하는지, 어떤 마을을 원하는지 어렴풋이 가늠할 수 있다. 그런 상태가 되면 마을의 가능성에 대한 가설을 만들 수 있다.

- 마을자원은 무엇인가
- 마을자원 중에서 관광 관련 자원은 무엇인가
- 마을자원을 조합하면 새로운 가치를 만들 수 있는가

이런 생각으로 가설을 만든다. 이렇게 만들어진 가설은 효과적인 마을 만들기 방안 도출에 도움된다.

3) 가설을 제시하고 의견 듣기

가설을 가지고 설립검토위원회를 열었다. 핵심 인물과 위원들에게 조사 결과를 편집하여 만든 가설에 대한 의견을 물었다.

구체적으로는 "○○○에 대해 이런 의견도 있었습니다. 여러분의 이야기를 종합하면, 이 마을은 ○○ 상태라고 생각하는데 어떻게 생각하시나요?" 이런 느낌으로 의견을 물었다.

"응, 응 그러네. 맞아요."

"아니 그게 아니야. 사실은….."

가설에 대한 이견이 많을 때는 앞선 조사에서 미처 파악하지 못했던 새로운 정보와 의견을 들을 수도 있다. 그렇게 수정하는 과정에서 정보의 정확성이 높아진다.

'의견 조사 — 정리 — 가설 수립' 과정을 두세 번 반복한다. 즉, 같은 사람에게 두세 번 이야기를 듣거나 핵심 인물들로부터 소개받은 주민들의 이야기도 듣는다. 핵심 인물들은 마을의 유용한 정보원을 잘 파악하고 있기에 이 과정 역시 매우 중요하다.

그 결과, 공무원이 소개한 핵심 인물을 포함하여 총 100여 명의 의견을 들었다. 인터뷰 규모는 곧 정보의 규모다. 또한 각 분야의 핵심 인물 위주로 의견을 듣기 때문에 마을 전체에 대해 폭넓은 지식과 정보를 얻을 수 있었다.

4) 의논하여 가설 결정

조사를 통해 마을에 많은 가능성이 잠재되어 있다는 사실을 알게 되었다.

이제까지 미나미오구니마치에서 할 수 있는 일이라고는 구로가와 온천 방문과 소바 거리에 가서 소바를 먹는 일이 전부라고 생각했는데, 주민 의견을 들어보니 관광자원이 될 만한 매력 있는 마을자원이 많다는 것을 알게 되었다.

"오구니 삼나무 숲의 경치가 끝내준다."

"고원에서 맛있는 산나물이 나온다."

"최근에 캠프장과 농가의 숙박객이 늘었다."

"만간사(満願寺) 온천에 '일본 제일의 쑥스러운 온천'이 있다."

주민은 관광업 종사자나 전문가가 아니다. 자신이 하는 본업의 눈높이에서 마을자원을 파악할 뿐이다. 그러나 관광자원을 어떻게 활용할 수 있는가에 대해서는 다른 시각이 필요하다. 이때 '외지인'이 필요하다. 외지인은 주민 관점에서 벗어나 마을자원을 객관적 시각으로 바라볼 수 있다.

주민들은 오구니 삼나무, 고원 산나물, 캠프장과 민박, 만간사 온천이라는 마을자원을 알고 있지만, 그 가치에 대해서는 생각해본 적이 없었다. 그러면서 "우리 마을에는 아무것도 없다"라고 입버릇처럼 말했다. 실제로는 빛나는 마을자원이 많았는데도 말이다. '아무것도 없다'는 것은 없다. 이제까지 관광자원으로 인식하지 못했을 뿐이다.

주민의 평범한 이야기에서 관광자원의 매력 포인트를 발견하기 위해서는 두 가지 점에 유의해야 한다.

첫째, 주민들이 말하는 내용과 마을 전통산업이나 문화와의 관련성을 파악해야 한다. 주민들이 말한 임업은 마을의 전통적인 산업이다.

둘째, 마을자원과 관련 있는 매력적인 사람이 있는지 찾아봐야 한다. '민박이 있다', '삼나무가 있다'는 것만으로는 관광자원이 될지 가늠하기 어렵다. 그러나 거기에 '사람'이 있다면 관광자원이 될 수 있는 가능성은 커진다.

마을 역사를 마치 그 시대에 살던 것처럼 사실적으로 말해줄 사람, 사투리로 마을의 일을 생생하게 알려줄 사람, 식당에서 백반을 만들어줄 귀여운 할머니, 어눌한 어투지만 따뜻한 환대가 인상적인 농가 민박의 아저씨 등등.

그저 농가 민박에서 묵는 것만으로는 그 정도 가치를 느끼기 어려울 수도 있다. 그러나 그런 분들이 마을의 전통 채소와 향토 요리에 관한 이야기를 해주고, 그걸 들으면서 농업 체험과 조리 체험, 식사를 할 수 있다면 이야기는 달라진다.

오구니 삼나무 숲을 바라보는 것만으로는 체류 시간을 늘리기 어렵고 그 매력도 느낄 수 없다. 그러나 지쿠고강(筑後川) 발원지에 있는 마을 특성, 오구니 삼나무의 역사와 용도, 임업의 과제라는 이야기를 들으며 임업 체험을 할 수 있다면 문득 관광자원으로서의 가능성을 느끼게 되지 않을까?

여행지에서 매력적인 사람과 만나게 되면 다시 만나러 오고 싶고 응원하고 싶은 마음이 생길 것이다. 현지인을 알게 되면 계속 마을을 방문하는 사람들도 생길 것이다. 즉 주민도 멋진 관광자원이 된다.

주민의 의견을 조사한 후에 마을의 '이상적인 모습'에 대한 가설을 확정하는 회의는 외지인인 내가 사회를 봤다.

우선, 위원회에서 마을의 강점, 약점, 수정하면 마을의 관광자원이 될 만한 것에 대해서 의견을 받았다. 좀처럼 의견이 나오지 않을 때는 다른 마을 이야기 등을 예로 들면서 의견을 끌어냈다.

그리고 제시된 의견을 정리하여 '가치'로 만들었다. 그러나 가치 유무를 확인하는 것이 아니라 의견을 서로 검토하며 희소가치를 부여할 수 있는 가능성을 평가했다. 그렇게 관광자원이 될 만한 마을자원을 찾았다.

이 모든 과정을 통해 위원회는 '마을의 아름다운 경치와 주민의 삶이 관광자원의 재료다'라는 가설을 끌어냈다. 마을의 산골 풍경과 그곳에서 오랫동안 살아온 주민의 삶, 이런 마을자원이야말로 관광자원이라는 의미이다.

5) 가설 검증을 위한 조사

그러나 맞지 않는 가설을 근거로 '이상적인 모습'을 만들어 상품을 개발하면 성공하기 어렵다. 이때 매력도 조사와 만족도 조사를 실시한다.

가설에 맞는 콘셉트 상품을 만들고 대상을 설정하여 조사한다. 매력도 조사는 상품 체험 전에 어느 정도 매력적으로 보이는가를 평가하는 것이고, 만족도 조사는 실제로 상품 체험 후에 어느 정도 만족했는가를 평가하는 것이다.

매력도 조사를 하지 않고 모니터 투어를 통한 만족도 조사만 하고 끝내는 경우도 왕왕 있다. 그러나 만족도 조사만 하면 '좋았다'와 '나빴다'는 결론만 나와서 문제를 제대로 파악하기 어렵다. 따라

돈 버는 로컬

서 매력도 조사와 만족도 조사를 함께 해야 한다.

체험 전에 느낀 매력도와 실제로 체험했을 때의 만족도 사이에 차이가 없다면 미리 정해놓은 대상에게 상품을 시험해보면 좋다. 그러나 매력도와 만족도 사이에 차이가 있다면 개선 여지와 개선 사항을 정확히 파악해야 한다.

어떤 상품에 대해 "체험 전에는 매력적이지 않았는데 체험해보니 꽤 만족스러웠다"라는 결과가 나왔다고 해보자. 이런 결과는 체험 전에 상품의 매력을 보여주기 위한 무언가가 부족했다는 것을 의미한다. 따라서 보다 관광객의 마음을 움직일 수 있는 매력적이고 유용한 정보를 제공하려고 노력하면 된다.

미나미오구니마치에서는 '이상적인 모습(가설)'을 중심으로 8가지 콘셉트의 상품을 만들어 매력도 조사와 만족도 조사를 했다. 통계학과 관광 분야에서 오래 일한 전문 스태프가 정확한 응답을 얻을 수 있는 설문을 설계했고, 일본인, 외국인, 각 연령층, 성별 대상을 설정하여 조사했다.

외국인 대상 조사에서 '구로가와 온천 순례' 상품은 고매력·고만족 관광상품이라는 결과가 나왔다. 우리 예상대로였다. 한편, '농업과 시골 밥상'은 매력도는 별로 높지 않았지만, '구로가와 온천 순례'보다 만족도가 높은 것으로 나타났다.

조사를 통해 상품 개발 포인트를 알 수 있다. 매력도가 낮고 만족도가 높은 상품은 정보제공을 좀 더 충실하게 할 필요가 있다. 이런 과제는 매력도 조사와 만족도 조사를 함께하지 않았다면 결코 파

외국인 대상의 매력도와 만족도 조사 교차평가

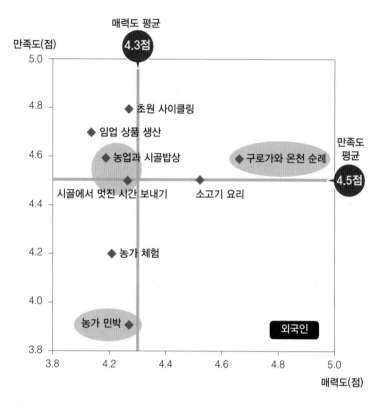

© 2019 DHE Corporation

악하지 못했을 것이다.

　가설 검증을 하지 않으면 소비자에게 잘못된 상품을 판매할 수 있다. 좋은 상품을 만들어도 공급자와 수요자의 필요가 맞아떨어지지 않으면 실패한다. 그래서 관광지역 만들기에서는 객관적인 매력

돈 버는 로컬

도 조사와 만족도 조사가 꼭 필요하다.

'이상적인 모습'은
'마을 전체가 돈을 버는 것'이다

조사를 통해 '아름다운 경치와 주민의 삶은 관광자원의 재료가 된다'는 가설이 틀리지 않음을 확인했다. 조사 과정은 이 가설을 근거로 만든 상품에 대한 호불호층을 확인하는 것이기도 했다.

그런 과정을 거쳐 드디어 마을이 '갖춰야 할 자세'를 찾았다. 마을의 아름다운 경치와 주민의 삶을 관광자원으로 바꾸기 위해서는 관광업뿐만 아니라 농업과 임업 등 모든 산업이 연대하여 '마을 전체'의 수익을 도모할 필요가 있다는 것이다.

이제까지는 산업 간 연대가 별로 없었다. 관광업은 관광업, 농업은 농업, 임업은 임업으로 각각 따로 운영할 뿐이었다. 그러나 '아름다운 경치와 사람들의 삶을 관광자원 재료로 한다'는 것이 가능해지려면 모든 산업이 '산골의 아름다운 경치와 주민의 삶'을 축으로 가로로 연결되어 상품으로 만들어져야만 한다.

  '구로가와 온천 관광에만 의존하는 마을에서 마을 전체가 돈 버
  는 마을로'

이것이 마을의 '이상적인 모습'이다.

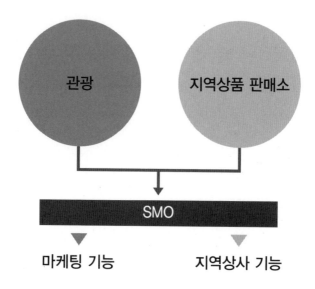

관광 수익 → 마을 전체의 수익 창출

© 2019 DHE Corporation

[목표] (나중에 DMO의 4개 이념이 됨)

- 1차 산업을 키워 후손에게 아름다운 산골을 물려준다
- 일과 사업 기회를 만들어 투자와 인재 유입을 촉진한다
- 산골살이의 매력을 알려 이주와 정주로 이어지게 한다
- 마을 주민이 행복하게 살도록 하여 외지인들이 부러워하게 한다

돈 버는 로컬

[주요 과제] (나중에 DMO의 4개 방침이 됨)

- 관광업과 농림축산업을 시작으로 마을산업을 융합한다
- 마을과 업종을 넘어 다양한 인재를 연결한다
- 마을자원을 만들기 위한 아이디어를 만들어 실행한다
- 산골살이 지원자들에게 마을의 매력을 알린다
- 마을 만들기의 노하우를 마을에 축적한다

위원회는 마을사무소 단독으로 이런 일들을 하기는 어렵다고 판단했다. 공무원들은 이제까지 정해진 업무 속에서 마을의 문제해결 및 마을 만들기를 위해 노력해왔다. 그러나 부서별로 정해진 업무를 수행하기 때문에 새로운 목표와 과제를 수행하기에는 한계가 있다.

관광을 중심으로 돈 버는 마을을 만들려면 행정조직과는 별개의 조직이 유연하게 마을과 각 산업을 연결할 수 있어야 한다는 것이 위원회의 생각이었다.

2017년 12월부터 4개월간 설립검토위원회 위원들과 계속 이 문제를 논의했다. 마지막 회의 때 모든 위원이 마을의 '이상적인 모습'에 대해 확인하고 미나미오구니 DMO 설립을 정식으로 결정했다.

이때 우리는 위원회에서 미나미오구니 DMO 비즈니스 기획안을 발표했다. 이 기획안은 우리 마음대로 만든 것이 아니다. 마을의 '이상적인 모습'을 염두에 두고 주민 의견을 조사하여 그 안에 사업 모델을 반영한 것이다.

어디까지나 제안이지만 미나미오구니마치는 DMO를 중심으로 이후 사업을 전개하려고 합니다. 또다시 잘 부탁드립니다.

내가 이렇게 인사하자 위원들로부터 박수가 나왔다. 솔직히 울컥한 감격의 순간이었다. (인정받았다!)

어쩌면 마을 주민들은 이제까지 마을의 문제를 알고 있으면서도 구체적으로 어떻게 해야 할지 모르는 상태였을 뿐이다. 가끔 마을 만들기 회의에 불려 간다든지 의논할 기회는 있었지만 실제로 본인이 직접 행동할 기회가 없었다고 말하는 위원도 있었다.

그러나, 이제는 '이상적인 모습'이라는 목표를 분명히 정했고, 여기에 'DMO'라는 매개체를 만들어서 본격적으로 활동할 수 있게 되었다. 비로소 주민들은 '마을이 좋은 방향으로 움직이고 있구나' 하고 실감하게 된 것이다.

설립검토위원회를 설치할 때 DMO 설립을 반대했던 히라노 회장도 이때가 되어서야 DMO의 필요성을 인정하게 되었다고 회상했다.

위원회에 여러 입장을 가진 주민들이 참여했어요. 그러나 "눈에 띄는 아이디어가 나오지 않는다", "어떻게 해야 좋을지 모르겠다" 라고만 말했습니다. 그저 현장에서 답답해하고만 있었죠.

그런데 설립검토위원회를 끝낼 즈음에는 주민의 여러 의견을 흡수하여 해결까지 담당할 수 있는 조직이 필요하다고 느끼기 시작했습니다. (히라노 회장)

미나미오구니 DMO 사업계획안(가설)

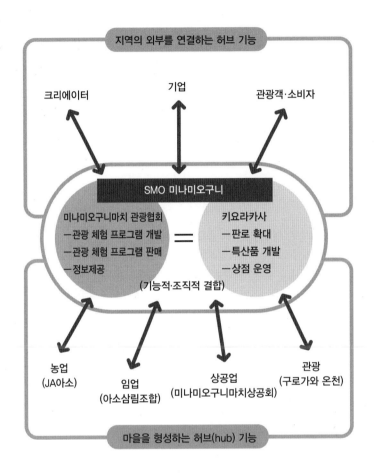

지역의 외부를 연결하는 허브 기능

크리에이터   기업   관광객·소비자

SMO 미나미오구니

미나미오구니마치 관광협회
-관광 체험 프로그램 개발
-관광 체험 프로그램 판매
-정보제공

=

키요라카사
-판로 확대
-특산품 개발
-상점 운영

(기능적·조직적 결합)

농업
(JA아소)

임업
(아소삼림조합)

상공업
(미나미오구니마치상공회)

관광
(구로가와 온천)

마을을 형성하는 허브(hub) 기능

합의 형성 비결은
'주민 어투로 말하기'와 '양자택일'

'이상적인 모습'을 만들기 위해 13명이나 되는 위원의 의견을 모으기 어렵지 않았냐는 질문을 종종 받았다. 그러나 합의 형성은 그 정도로 어려운 일은 아니다.

여러 의견을 모아 합의하는 데는 두 가지 비결이 있다. '주민 어투'로 말하고, '양자택일'로 답을 도출하는 것이다.

첫째, '주민 어투로 말하기'는 비교적 쉽다. 회의가 열리면 주민들의 어투 그대로 사용하고 인용한다.

편집 과정에서 알기 쉬운 말로 바꾸기도 하지만 일부러 격식 있는 말을 쓰지 않는다. 그러면 주민은 자기들과 어투가 같기에 위화감도 느끼지 않고 쉽게 합의하곤 한다. 주민들은 이미 관광지역 만들기의 답을 가지고 있기 때문이다.

둘째, '양자택일'도 어렵지 않다. 두 개의 항목을 준비하여 둘 중 하나를 뽑으라고 하면 된다. 그뿐이다.

작은 마을에 사는 주민들에게 가장 큰 굴레는 '인간관계'다. 그래서 조건이나 예외를 붙여가면서 분명한 대답을 피하기 쉽다. 예를 들어 지역상품 판매소는 겨울 영업만으로도 적자니까 문을 닫자고 하면 주민들은 이런 느낌의 반응을 보인다.

"그래도 우동이나 소바를 먹고 싶어 하는 사람도 있을 것 같은 데…", "누군가 먹고 싶을 때 문이 닫혀 있으면 서운하지 않을까…"

돈 버는 로컬

라는 식으로 반응한다.

마음속으로는 적자 나는 것이 싫으면서도 겉으로는 합리적인 고려를 하는 것처럼 말하며 인간관계를 해치지 않으려고만 한다. 그러나 이렇게 애매한 의견만 늘어놓으면 의견을 모으기 너무 어렵다.

따라서 결정을 위한 합의 형성 과정은 되도록 원리 원칙에 따라 진행한다. 그게 양자택일 방법이다. "지금까지 경험으로 미루어보니 지역상품 판매소의 레스토랑은 겨울에는 적자입니다. 이대로 계속 영업하면서 적자를 내는 게 좋습니까? 아니면 일단 닫고 적자 요인을 없애고 다른 방법을 찾는 게 좋을까요? 둘 중 하나를 선택해주세요"라고 양자택일로 물어본다. 그렇게 하면 누구라도 후자를 택한다. 그것이 '이상적인 모습'이기 때문이다.

결단이 필요한 회의에서 양자택일 방법의 장점은 진지하게 더 나은 방법, 잘되는 방법을 선택할 수밖에 없다는 것이다. 양자택일을 잘 사용하면 다양한 의견이 있는 곳에서도 합의할 수 있다.

애매한 사항을 확실히 보여주는 빅데이터

우리 회사는 관광지역 만들기 사업에 자주 빅데이터를 사용한다. 마을의 매력을 발견하고 '시각화'할 때는 '외지인'의 관점이 도움되지만 빅데이터도 마을 상태와 문제, 매력을 분명히 파악할 때 매우 유용하다.

빅데이터를 통해 이제까지 보이지 않았던 사실을 눈으로 확인할 수 있다. 관광객의 국적, 성별, 나이, 거주지, 여행 경로 등을 알 수 있어서 그에 맞춰 관광상품과 정책을 구상할 수 있다.

여러 종류의 빅데이터가 있다. 공공 빅데이터로는 지자체의 관광 동태 조사 데이터, 경제산업성과 내각부의 '지방창생 지역경제 분석 시스템(RESAS′V-RESAS)'*이 있고, 민간 빅데이터로는 구글과 야후의 서비스가 있다.

데이터를 이해하기 위해서는 전문 지식이 필요하다. 마을에 전문 인재가 없다면 외부에 의뢰하는 것도 방법이다. 상태를 파악하지 못하면 가설이나 '이상적인 모습'을 만들 때 착오가 생길 수 있으므로 주의해야 한다. 마을에서 '데이터 기반 정책 만들기(EBPM, Evidence-Based Policy Making)'는 정말 필수적인 작업이다.

---

*리사스(RESAS, Regional Economy Society Analyzing System, https://resas. go.jp)는 지역창생 전문 지역경제 분석 시스템이다. 일본 정부는 이 시스템을 통해 지역 산업, 인구, 사회 인프라 등 데이터를 분석하여 지역에 적절한 과제를 도출하여 대응할 수 있도록 지원한다. 산업지도, 인구지도, 관광지도, 지자체 비교지도 등등과 API 기반 공개 데이터를 제공하는데, 지자체들은 리사스 데이터와 지역의 분야별 데이터를 결합하여 분석 사례를 생성한다(https://resas.go.jp/related-information /#/13/13101). 리사스는 누구나 이용할 수 있다. (역주)

제3장

SMO에 의해
마을이 움직이다,
마을의 매력을
'연마'하고
'잇기'

관광협회와 지역상품 판매소를 합쳐 DMO 설립

2018년 3월 말, 드디어 미나미오구니 DMO 설립검토위원회에서 설립에 대한 합의가 이루어졌다. 이내 설립을 위한 구체적인 준비에 착수했다. 그리고 설립검토위원회를 '설립준비위원회'로 명칭을 바꿨다.

설립준비위원회가 처음 한 일은 DMO를 어떻게 만들지를 생각하는 일이었다. '이상적인 모습'이라는 목표를 정했으므로 목표 달성을 위한 조직을 구상하기 시작한 것이다. 조직을 만들기 위해서는 새로운 조직을 만들거나 이미 있는 조직을 합치는 두 가지 방법이 있었다.

5개 핵심 과제

- 관광업과 농림축산업을 시작으로 마을산업을 융합한다
- 마을과 업종을 넘어 다양한 인재를 연결한다
- 마을자원을 만들기 위한 아이디어를 만들어 실행한다
- 산골살이 지원자들에게 마을의 매력을 알린다
- 마을 만들기의 노하우를 마을에 축적한다

이미 설립검토위원회에서 새로운 조직에서 5개 핵심 과제를 시도해야 한다는 결론이 나왔다.

위원들은 이구동성으로 "좋은 조직이 나올 것 같다", "정말 이렇게 실현되면 마을이 바뀌겠네"라고 말했고, 분위기는 고조되었다.

그러나 누가 할 것인가. 어떻게 새로운 멤버를 뽑고, 어떻게 기존 조직과 멤버를 융합하여 DMO를 시작할까.

그렇게 실행 단계가 되자 이야기가 멈춰버렸다. 모두 마을에 DMO 같은 조직이 필요하다는 점에 합의했는데도 말이다.

이렇게 이야기가 멈춰버릴 때는 단순하게 물음을 제기할 필요가 있다.

"이 마을에 DMO 같은 기능을 하는 조직이 필요하다는 점에서
는 모두 동의하시죠?"

"네."

"그렇다면 그 조직은 새로 만드는 게 좋을까요?"

"그건 아니지 않나. 돈도 들고 마을에 사람도 없는데."

"그러면 기존 조직의 기능을 융합한 DMO를 만드는 게 낫겠네요. 5개 핵심 과제를 실행할 수 있는 조직은 이미 있는 것 같은데요. 관광협회는 정보를 제공하고 관광상품을 개발할 수 있고, 키요라카사는 마을상품을 팔고 있으니 두 기관 모두 마을 안팎의 접점 기능을 하는 조직 같군요. 키요라카사가 지역상사 기능도 할 수 있을 것 같으니 관광협회와 키요라카사를 합치면 DMO를 만들 수 있을 것 같습니다."

"그렇군. 좋은 조직이 만들어질 것 같긴 한데 거기에 (경영 상태가 좋지 않은) 키요라카사를 합치면 부담되지 않으려나…."

DMO로 조직과 사람을 움직이게 하기

키요라카사는 이미 소개한 것처럼 만성 적자를 기록하고 있었던 지역상품 판매소다. 그런 키요라카사와 관광협회를 합쳐서 새로운 조직을 만든다고 하니 위원들로서는 생뚱맞은 아이디어처럼 들렸을 것이다. 위원들은 조직을 중심으로 생각하기 때문이다.

그러나 우리 회사는 조직보다는 각각의 조직이 가진 기능을 중심으로 판단한다.

매력적인 관광상품과 마을 정보를 제공하여 관광객을 유치하는 관광협회와 매력적인 마을상품을 판매하여 구매자를 늘리는 지역상품 판매소, 이렇게 마을의 좋은 자원으로 마을 안팎을 연결하는 두 조직이 합쳐지는 것은 지극히 자연스러운 일인 것이다.

그러나 막상 조직을 합치자고 제안하자 위원들이 난색을 보였다. 서로 다른 조직을 합치기는 어려운 일이거니와 만성 적자 상태의 키요라카사가 화려하게 데뷔하려는 DMO에 걸림돌이 될까 봐 두려워하는 것 같았다. DMO에 대한 기대가 그만큼 컸기에 걱정은 더 깊어만 갔다.

물론 키요라카사의 문제를 고치지 않는다면 분명 DMO에 걸림돌이 될 것이다. 효과적으로 두 조직을 합치려면 반드시 키요라카사의 개혁이 필요했다.

기업을 경영하는 나로서는 키요라카사의 경영 상태를 개선하는 방법은 얼마든지 있다고 보았다. 위원들로부터도 이런저런 아이디어가 나왔다. 납품, 배치, 전시, 접객, 직원 관리 등에서 개선이 이루어지면 키요라카사는 마을의 지역상사로서 돈 버는 원동력으로 다시 태어나 DMO 역할을 잘 해낼 것이다.

다만 얽히고설킨 관계에 놓여있는 주민들이 이런 식의 개혁을 해나가기는 어려울 것이다. 키요라카사의 개혁 필요성을 깊게 느끼고 있는 위원들도 다 본업이 있어서 깊게 관여할 수 없는 상태였다.

나는 키요라카사에 관한 위원들의 걱정을 빠짐없이 들었다. 그리고 나서 위원들에게 그런 걱정거리는 DMO에서 해결할 것이며 그것이 DMO의 역할이라고 말했다.

여러분이 걱정하고 있는 점을 DMO에서 전부 해결해 나갑시다.

키요라카사는 정상 상태가 되어야 하니 그 기능을 복원합니다. 저희는 개혁을 제안하는 데 그치는 것이 아니라 확실히 끝까지 같이 하며 그것을 이루겠습니다.

위원들도 기능을 중심으로 생각해보면 관광협회와 지역상품 판매소를 합쳐서 DMO를 만드는 것이 자연스러운 흐름이라고 깨달았을 것이다. 게다가 처음부터 새로운 조직을 만드는 것은 자금이나 인재 확보 차원에서 현실적이지 않다. 따라서 기존 조직의 기능을 잘 활용하는 방법이 지금으로서는 최선인데 그 조직들이 제 기능을 하지 않는다 해도 이번 기회에 제대로 작동하도록 만들면 될 일이었다.

물론 새롭게 '이름만' DMO로 바꾼다고 일이 되는 것은 아니다. 제 기능을 하기 위해서는 조직 개편, 인재 교육, 신규 채용 등 여러 수단을 착실히 고려하며 실천해야 한다.

드디어 DMO 설립이 결정되었고 이름은 'SMO 미나미오구니'로 지었다. SMO는 'Satoyama Management/Marketing Organization'의 약자로서 마케팅과 경영으로 미나미오구니의 멋진 산골 경치와 삶에서 새로운 가치를 만드는, 마을 전체의 수익 창출을 지원하는 조직이라는 의미를 포함한다.

SMO에는 4개 사업부를 설치했는데 나중에 미래 만들기 사업부까지 만들어져 5개가 되었다.

먼저, 관광부에는 관광협회가 속해 있다. 관광상품 개발, 가이드,

관광 정보제공을 담당한다. 정보제공부는 마을의 관광, 상품, 서비스, 사람에 관한 정보제공 업무를 담당한다. 물산부는 키요라카사를 거점으로 마을상품 판매를 담당한다. 키요라카사의 직원들이 이곳에서 일한다.

고향납세부는 말 그대로 마을의 고향납세 업무를 담당한다. 사무 처리, 답례품*이 될 수 있는 마을상품 발굴과 상품화, 고향납세 웹사이트에 올릴 콘텐츠를 취재하고 게시하는 역할을 한다. 미래 만들기 사업부는 인재 육성 프로그램을 기획하고 시행하여 사람과 사람을 연결하는 허브(hub) 기능을 한다.

SMO의 사업 전략

다음 단계는 사업 전략 수립으로서 구체적인 실천 전략을 세우는 과정이다. 이미 마을의 '갖춰야 할 자세'를 만들 때 주민들의 의견을 들은 바 있다. 그 외에도 SWOT 분석**을 통해 마을 내외부 환경을 분석했다. 그 정보를 바탕으로 정장과 직원, 설립준비위원회 위원들과 SMO의 사업 전략을 구상했다. 각 사업이 돈 버는 원동력으로 기

---

*일본에서는 기부자가 고향납세를 통해 기부하면 기부금을 받은 지자체는 감사의 표시로 기부금의 30% 이내에서 답례품을 보낼 수 있다. 단, 답례품의 범위와 규모는 엄격히 법으로 규제한다. 2023년 1월부터 시행하는 우리나라의 고향사랑기부금도 일본처럼 기부금의 30% 이내의 답례품을 보낼 수 있다. (역주)
**SWOT 분석은 어떤 문제에 대한 강점(strength), 약점(weakness), 기회(opportunity), 위협(threat) 요인을 분석하는 방법이다. (역주)

SMO의 '3개의 화살 전략'

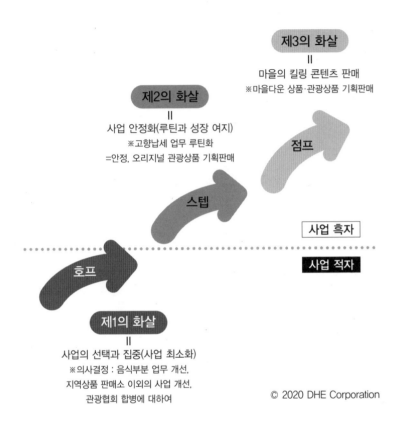

© 2020 DHE Corporation

능하기 위한 내용을 전략에 반영했다. 그렇게 만들어진 SMO의 사업 전략이 '3개의 화살 전략'이다.

그저 생각나는 사업을 마냥 죽 늘어놓는 것만으로 일이 될 리 만무하다. 우선 SMO의 자립경영 방안을 생각해야 했다. 마을사무소에서 보조금을 받지 않고 SMO가 수익을 창출하며 고용을 유지할 수 있어야 한다. 그래야만 그다음 단계에서 마을 전체의 수익 창출을 기대할 수 있다.

[제1화살] 사업의 선택과 집중

제1화살은 '사업의 선택과 집중'이다. 융합한 관광협회와 키요라카사의 사업 전부를 고치는 것에서 시작했다. 적자 사업, SMO가 담당해야 할 사업과 그렇지 않은 사업을 구분하여 사업을 최적화하는 것이 목적이다.

두 조직을 합칠 때 많은 사람이 키요라카사의 만성 적자를 걱정했기에 우선 이 부분부터 개선하기 시작했다.

[전략 1] 레스토랑(음식) 부문의 업무 개선

• 주방을 사용하는 사업은 일단 업무를 정지한다. 단, 외부 납품이 있는 식품은 계속 판매한다.
• 주방 직원을 지역상품 판매소 내 판매 코너로 전환 배치하여 동선을 최적화한다.

[전략 1]에서 우리가 제안한 것은 키요라카사의 레스토랑을 일단 폐쇄하는 것이었다. 레스토랑의 주방을 열어놓는 것만으로도 냉난방비가 월 10만 엔이 들었다. 비성수기인 12-3월까지 문을 닫기만

해도 4개월간 40만 엔을 절약할 수 있다. 그렇게 손님이 없던 레스토랑을 닫고, 그곳에서 일하던 직원은 지역상품 판매소의 판매 코너로 돌리는 게 낫다고 구상했다.

[전략 2] 지역상품 판매소 운영 외의 버섯센터와 온천관 키요라 정리

- 버섯센터는 제조와 판매를 분리한다.
- 온천관 키요라는 업무 범주 외의 일을 분리한다.

[전략 2]에서는 키요라카사가 담당했던 지역상품 판매소 외의 업무도 개선해야 한다고 제안했다.

버섯센터는 마을이 키요라카사에 지정위탁관리하는 버섯 재배 시설이다. 온천관 키요라는 주민 대상으로 운영하는 온천으로서 이곳도 키요라카사가 위탁관리를 맡고 있다.

그러나 이미 마을에 버섯 농가가 여러 곳이 있고, 온천은 말할 나위 없이 충분한 상태다. 본질적으로 '떡은 떡집에서'라는 말처럼 핵심 기능에 충실하고 뺄 것은 빼기로 했다.

[전략 3] SMO와 관광협회 업무의 중복 기능 융합

- 효율적인 정보제공을 위해 통합 웹사이트를 운영한다.
- 마을의 지부 관리 및 회원 연대 업무를 실시한다.
- 총무·경리 부문은 업무를 완전히 합친다.

[전략 3]에서는 SMO와 관광협회의 핵심 업무를 하나로 정리하는 것을 제안했다.

SMO는 관광협회와 키요라카사를 합친 조직이지만 관광협회에는 그때까지의 활동의 역사가 있고 회원이 많다. 따라서 실질적인 기관 통합까지 오랜 시간이 걸릴 수 있다.

그러나 관광협회의 직원은 SMO의 직원이기도 하다. 즉, 비슷한 업무를 계속하는 것은 비효율적이다. 따라서, SMO에 관광협회 사무국은 한시적으로 남기면서 정보제공 업무나 마을의 지부 관리와 회원 연대 업무, 총무·경리 업무를 하나로 정리할 것을 제안했다.

[제2화살] 사업 안정화

제2화살은 '사업 안정화'다. 제1화살에서 적자의 원인과 비용 중복 문제를 해결하고, 제2화살에서 상품 제작과 사업 운영을 통해 SMO의 재정 기반을 확충한다.

SMO 자체의 수익이 없으면 안정적인 직원 고용 자체가 어렵다. 정부의 보조금 없이 자립경영을 하는 것이 제2화살의 핵심 목표다.

[전략 1] 고향납세 업무 안정화로 고정 수입 확보
• 기부금 최대화를 목표로 상품 준비와 광고 등의 정보를 제공한다.
• 업무 일정과 직원 배치를 최적화한다.

[전략 1]은 고향납세를 통해 마을자원과 상품을 돈으로 바꾸는 것이다. SMO 설립 전까지 2017년 연간 기부금 규모는 약 1억 엔이었다. 그런데, 마을에서 생산하는 농산품의 품질과 맛의 깊이라는 잠재력을 생각하면 기부금을 더 늘릴 수 있다.

고향납세를 잘 운영하면 마을 전체의 수익 창출 엔진이 될 수 있다. 따라서, 외부에 위탁하던 고향납세 업무를 SMO에 위탁하도록 부탁했다. 이렇게 하면 외부 사업자에게 지불하던 연간 기부금의 15%에 달하는 업무 위탁비를 마을에 남길 수 있다.

SMO가 고향납세 업무를 위탁받으면 새로운 상품을 발견하고 연마하는 것도 지금보다 훨씬 더 하기 쉽다.

고향납세에 관한 정보제공도 SMO 직원이 담당하여 마을 외부 사람과의 연결도 수행하게끔 한다.

[전략 2] 마을 고유의 관광상품 기획과 판매

• 관광상품 판매의 내실을 기한다.

[전략 2]는 SMO만의 고유한 관광상품을 기획하여 판매하는 것이다. 미나미오구니마치에서는 2016년 구마모토 지진 후에 마을의 방재력을 높이는 수단으로써 드론 활용 사업을 시작했다.

관광협회는 SMO 설립 이전부터 이 드론에 착안하여 '미나미오구니 드론 쿠폰' 판매를 시도했었는데 이를 SMO의 사업 전략으로 수용한 것이다.

최근 드론으로 항공촬영을 하는 일이 늘었다. 그러나 드론을 날릴 수 있는 장소는 한정되어 있다. 이런 상황에서 SMO가 지자체의 협력을 받아서 마을의 아름답고 광대한 목초지에서 드론을 날릴 수 있는 쿠폰을 만들어 1장에 3,000엔으로 9시부터 17시까지 지정된 6개 장소에서 드론을 마음껏 날릴 수 있도록 지원했다.

드론 쿠폰으로 이익이 발생하면 '아름다운 경치는 관광자원의 재료가 된다'는 가치를 구현한 상품이 된다. 그 수익을 (드론을 날렸던) 목초지의 소유자에게 일부 돌려주면 마을경제 순환 효과도 발생한다.

그러면 소유자는 그 이익을 목초지 관리에 사용할 수 있으므로 마을 고유의 경치도 유지할 수 있다.

시장 확대를 위한 정보제공 활동은 대형 여행사로부터 SMO에 파견된 사람이 담당하게 했다.

[전략 3] 지역상품 판매소의 상품 준비 내실화

- 관광객 대상의 상품 준비 강화 및 PB상품 개발 등으로 총매출을 올린다.

[전략 3]에서는 키요라카사의 상품 준비를 내실화한다. 이제까지는 농가가 가져온 채소를 그냥 늘어놓고 판매할 뿐이었지만, SMO 설립 후에는 관광객이 원하는 상품을 미리 잘 파악해 전시하고 키요라카사만의 독자적인 상품(PB, Private Brand)을 개발하여 총매출

을 올리는 것을 목표로 했다.

또한, 구로가와 온천에서 사용하는 식자재의 지산지소율*을 한층 더 높여 마을 소비의 최대화도 목표로 했다.

[전략 4] 마을의 인사부로써 마을의 인재 부족 문제 해소 기능을 하는 사업 검증

• 숙박(관광업), 임업, 이벤트, 액티비티 등을 접수하고 운영한다.
• 마을 밖에서 사람이 모이는 기획을 한다.

[전략 4]에서는 2018년까지 마을사무소가 중심이었던 미래 만들기 사업[옛 로컬 벤처(local venture)** 사업]을 SMO가 인계받았다.

우선 마을 안팎의 사람들을 연결하여 새로운 가치를 만들어내는 기획을 한다. 마을의 수요와 인적 자원을 데이터베이스로 만들어서 일의 수급 균형을 맞출 수 있도록 조정했다.

[제3화살] 마을의 킬링 콘텐츠 판매

제3화살은 제1화살과 제2화살 후에 실행하는 전략이다. 적자를

---

*지산지소(地産地消)는 지역의 생산품을 지역 내에서 소비한다는 의미이다. (역주)
**로컬 벤처에 대해서는 牧大介. 2018.『ローカル ベンチャー: 地域にはビジネスの可能性があふれている』. 木楽舍;. (윤정구·조희정 역. 2021.『창업의 진화: 로컬벤처와 지역재생』. 서울: 더가능연구소.) 참조. (역주)

해소하고 팔리는 상품을 준비한 후에 좀 더 미나미오구니마치다운 상품과 관광상품을 기획·판매하는 내용이다.

즉, 마을 고유의 킬링 콘텐츠(killing contents)*를 만들어서 지속적으로 돈 버는 마을이 되는 것을 목표로 했다.

[전략 1] 마을다운 상품과 관광상품 기획 및 판매

• 마을에 방문하는 관광객의 대부분이 구입하고 체험하는 상품을 만든다.

사업 전략을 작성했던 2018년 당시, 마을에는 약 87,000명의 외국인 관광객이 찾아왔다. 그래서 [전략 1]에서는 면세점을 정비하여 외국인 관광객을 위한 판매 장소로 만들 것을 제안했다.

또한 도쿄와 후쿠오카 등 대도시의 상업시설에 팝업숍**이나 안테나숍***을 운영하는 구상도 제시했다.

[전략 2] 멋진 산골을 실현하기 위한 투자와 마케팅 활동 전개

• 마을 환경을 유지하고 향상할 수 있는 다방면의 투자를 유치한다.

---

*킬링 콘텐츠는 다른 곳에는 없는 독자적인 콘텐츠를 의미한다. (역주)
**팝업숍(pop-up shop)은 한시적으로 문을 여는 상점을 의미한다. (역주)
***안테나숍(antenna shop)은 제조업체들이 자사 제품에 대한 소비자의 평가를 파악하거나 타사 제품에 대한 정보를 입수하기 위하여 운영하는 상점을 의미한다. (역주)

[전략 2]에서는 마을을 멋진 산골 마을로 브랜드화하여 투자와 마케팅 활동을 계속해 나가도록 제안했다. 중장기적인 차원에서 구체적인 방안으로서 우선 마을의 사업체 경영자들에게 사업 검토를 요청했다.

[전략 3] 마을다운 민박 체험 시설 운영과 관광객 및 마을 주민 대상의 각종 서비스 제공

• 신규 사업을 적극적으로 시행하고 투자를 유치한다.

[전략 3]에서는 관광을 중심으로 마을 전체가 벌기 위한 제안을 했다. 구체적으로는 민박 시설에서 체험 프로그램을 개발하여 판매하는 방안을 제시했다.

제4장

정장도 놀란 마을의 기적,
3개의 화살 전략

외부 경영전문가를 COO로 영입

2018년 7월, 다카하시 정장을 대표이사로 한 미나미오구니 DMO, SMO 미나미오구니가 발족했다. 관광협회는 키요라카사와 같은 건물로 이사했다. 키요라카사 건물이 SMO 사무실이 된 것이다.

SMO 경영은 최고집행책임자(COO, Chief Operations Officer)로서 '㈜지역의 치카라'의 기타오카 아쓰히로(北岡敦広) 대표에게 부탁했다.

기타오카 대표는 예전 직장에서 직원 채용을 담당했고, 여행 부문의 책임자를 역임하는 등 경영 전문가이다. 지금은 일본 전국에서 지역의 관광 인재 육성을 지원하고 있다.

SMO 설립을 검토하기 시작했을 때부터 누구를 COO로 영입할 것인지를 두고 오랫동안 논의했다. 대부분 마을 사람이면 좋겠다는 의견이 강했고, 우리 회사에서도 그렇게 생각했다.

그러나 누가 맡더라도 우선 키요라카사의 적자 상황을 개선해야 하는 것이 문제였는데, 이렇게 마을의 아픔을 동반한 일을 주민이 할 수 있을까 하는 의구심도 있었다.

수차례 논의한 결과, 1년 계약으로 기타오카 대표에게 COO를 부탁하게 되었다. 마을로서는 1년 내에 주민 중에 적임자를 찾아내거나 육성하려고 생각한 것이다.

제4장에서는 제3장에 소개한 SMO의 3개의 화살 전략의 성과를 살펴본다.

[제1화살]의 성과

지역상품 판매소는 시작 단계부터 흑자를 기록했다. V자 회복*으로 성공한 것이다.

제1화살은 사업의 선택과 집중을 목적으로 했다. 관광협회와 키요라카사의 사업을 개선하고 비용 낭비를 줄여 적자를 해소하고자 했다. 이런 과제를 달성하기 위해 과감한 경영 전략을 구사했다.

제1화살이 성공하면 제2화살과 제3화살의 실행도 탄력을 받는다. 제1화살의 성공 여부에 따라 SMO의 성공 여부도 달라진다. 무

＊침체와 회복이 빠를 때의 현상을 V자형 회복이라고 한다. 반면, U자 회복은 침체가 더 지속되는 것이며, L자 회복은 회복세 없이 침체가 이어지는 상태를 의미한다. (역주)

SMO 미나미오구니 조직도(2018년 10월)

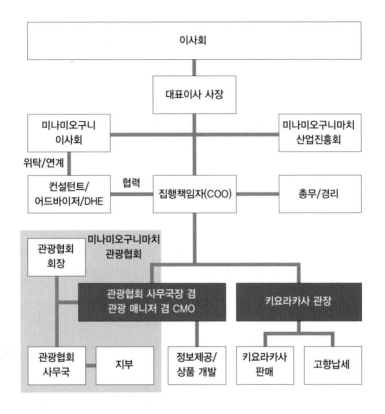

조건 성공해야 하는 것이다.

결론부터 말하면 COO 기타오카는 자기 능력을 충분히 발휘했다. 기타오카는 후쿠오카에 살아서 마을에는 1주일에 두세 번 출근했다. 그러나 1년의 계약 기간 동안 제1화살을 착실히 수행하여 SMO의 도약을 위한 발판을 마련했다.

돈 버는 로컬

기타오카의 업무는 한마디로 SMO가 제대로 작동하기 위한 토대를 만드는 것이다. 관광협회와 키요라카사가 SMO로서 기능할 수 있게 조직도 사람도 개선해야 했다.

가장 힘든 부분은 키요라카사의 레스토랑 개혁이었다. SMO 이사회 결의로 2018년 12월에 레스토랑은 일단 폐쇄했다. 직원들을 재배치하고 동선을 최적화했다. 기타오카는 끈질기게 직원과 미팅을 거듭해가며 이사회가 결의한 전략을 진행했다.

그러나 아무리 기타오카가 전문경영인이라 해도 직원들의 반발은 불가피했다. 직원들의 불만이 마을의회 의원에게 전달되어 의회가 레스토랑을 공공서비스로 계속해야 한다고 요구한 적도 있었다.

그러나 마을의 이상적인 모습을 설정한 이상, 적자 상태의 키요라카사에 마을 예산으로 손실을 보전하는 것은 있을 수 없는 일이었다.

SMO는 키요라카사의 적자를 해소하고 고용을 유지할 수 있는 방식을 제시하면서 마을 전체의 수익을 창출할 수 있는 사업을 해야만 했다. 기타오카는 그런 목표를 위해 기꺼이 원망의 대상이 되는 것을 자처했다. 마을 주민들은 결코 감당할 수 없는 일이라고 생각했기 때문이다.

기타오카는 직원의 급여를 10% 인상했다. 급여 인상으로 직원의 사기가 올랐다. 목표 달성을 위한 이벤트를 제안하고 점포 안에 펍을 설치하거나 상품 전시 방법의 전환 등을 제시하자 직원들도 자발적으로 움직이기 시작했다. 손님 웅대도 적극적으로 하게 되어 조명을 바꾸지도 않았는데 "가게 안이 밝아졌네"라는 소리가 들려왔다.

기타오카 덕분에 경영 개선에 성공한 키요라카사는 2018년부터 흑자를 기록하고 있다. 경영이 건전화되면서 2020년 3월에는 두 번째 급여 인상도 실현했다.

기타오카가 수많은 개혁을 달성하고 퇴임할 때 마을 여기저기에서 송별회가 열렸다. SMO 설립 초기에 들리던 불평불만도 키요라카사의 V자 회복이라는 압도적인 결과 앞에 어느샌가 사라져버렸다.

제1화살을 착실히 수행하여 SMO 이사회도 마을을 경영할 수 있다는 자신감이 생겼다. 이사회는 회사 경영 경험을 가진 사람들로 구성되어 있었기에 키요라카사의 열악한 상황을 보고 위기감을 느껴 주민의 고통이 따르더라도 제1화살 전략을 승낙한 것이다.

이사회의 결의가 없었다면 기타오카도 힘을 발휘할 수 없었을 것이다. 그런 의미에서 다카하시 정장을 시작으로 주민들로 구성된 이사회가 해낸 역할은 대단히 컸다고 생각한다.

마을은 관광지역을 만들기 위해 필요한 경우에는 '외지인'의 힘을 빌렸다. 다만 최종적으로는 주민들이 개혁을 단행하여 그에 동반하는 변화를 받아들이겠다는 각오를 한 것이다.

미나미오구니마치 상공회장으로서 DMO 설립검토위원회·설립준비위원회 부위원장을 맡은 SMO의 이노우에 고이치(井上幸一) 이사는 제1화살 전략을 승인하던 당시를 이렇게 회상한다.

SMO 설립검토위원회나 설립준비위원회 때부터 위원들 모두 진지했습니다. 이 기회에 바꾸지 않는다면 앞으로는 마을이 다시

돈 버는 로컬

태어날 기회는 없을지 모른다는 위기감을 모두 공유했기 때문입니다.

키요라카사 개선에 앞장서는 경영진의 한 사람으로서 어렵고도 엄중한 의사결정 상황에 직면하기도 했습니다. 그러나 결국 성공했습니다. 그 이유는 처음부터 마을의 '갖추어야 할 자세'를 설정하고, '마을이 잘되도록 현 상태를 바꾸자'고 모두 '눈높이를 맞췄기 때문'입니다. (이노우에 이사)

DMO 설립검토위원회와 설립준비위원회의 위원인 SMO의 시모조 히로시(下城 博志) 감사는 이렇게 말한다.

키요라카사는 물산 사업 외에 부대사업도 운영했습니다. 그런 키요라카사가 관광협회와 합쳐져 SMO로 다시 태어났을 때, 부대사업은 필요 없다고 판단하여 분리를 결정했습니다. 기존 사업의 정리는 주민들만으로는 생각하기 어려운 결정이었지요.

그러나 그 덕분에 SMO는 돈 버는 조직이 되었어요. SMO 대표이사인 다카하시 정장의 리더십에 의해 외부인의 지혜와 힘을 가져다 쓸 수 있다는 사실을 이제는 마을 전체가 받아들이게 된 것 같습니다. (시모조 감사)

[제2화살]의 성과

제1화살과 함께 진행된 제2화살은 돈 버는 원동력을 확보하기 위한 전략이었다. 그 핵심은 고향납세이다. SMO가 고향납세 사무를 마을사무소로부터 위탁받았기에 전체 기부금의 15%에 달하는 위탁비용이 마을에 남게 되었다.

가장 큰 성과는 기부금이 급증했다는 것이다. 이 일의 주역이 SMO 설립 전 키요라카사의 관장으로 고생했던 고이케 마사시(小池真史)다.

그는 관장이었을 때부터 고향납세의 가능성에 착안했고 여기에 좀 더 주력해야 한다고 생각했다. 그러나 일상의 업무에 쫓겨 구상을 실현하지 못했다.

키요라카사의 관장이었을 때 가게에서 손님을 기다리는 것만으로는 마을의 좋은 점을 알리기에 한계가 있다고 생각했습니다. 그때도 마을은 고향납세제도를 받아들이고 실행하고 있었지만, 기부금은 그렇게 많지 않았습니다.

게다가 그때는 일상 업무에 쫓겼기 때문에 누구와 함께 새로운 목표를 추진하기는 어려운 상태였어요. 직원 경영의 개선 방향도 파악하지 못한 채 혼자 고민만 하던 때였지요. (고이케 SMO 고향납세부 매니저)

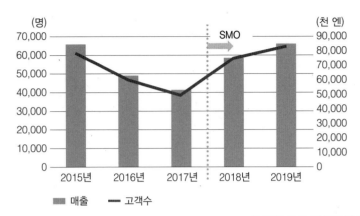

키요라카사의 매출과 고객 규모

ⓒ 2020 SMO 미나미오구니

SMO 이사회의 구성원

SMO 설립 후, 고이케는 키요라카사의 관장에서 물러나 SMO의 고향납세부 매니저가 되었다. 예전 직장에서 자연식 온라인 판매를 운영했던 경력을 살려 답례품 선정과 상품 준비를 성실히 해나갔다. 다른 지자체의 인기 답례품 경향을 분석하여 육류가 인기일 때는 구마모토현 특산품인 말고기와 적우(황소) 답례품을 확대했다.

주민들과 이야기를 나누고 그 정보를 기초로 새로운 답례품도 만들었다. 그리하여 2019년 5월 말에 156종이던 답례품을 2020년 3월에는 250종까지 늘렸다.

고이케는 예전 직장에서 여행 영업을 한 경험도 살려 고향납세 웹사이트에 올리는 문장과 영상 내용도 수정했다. 고이케와 SMO 직원들이 직접 발로 뛰며 취재하여 마을상품의 특징과 생산자의 마음을 확실히 전달하는 콘텐츠를 제작했다.

결과는 눈에 띄게 나타났다. 2017년에 약 1억 엔이었던 기부액은 2018년에 약 7억 4,000만 엔으로 대폭 늘었다. 그 상승세는 SMO도 예기치 못한 결과였다. 고향납세 신청이 쇄도하는 연말에는 SMO의 직원들이 총동원되어 밤늦게까지 사무 작업과 발송 작업을 할 정도였다.

SMO의 고향납세 사업은 정말 '마을 전체가 돈 버는 것'을 구현한 사업이 되었다. 우수한 마을상품을 발굴하여 그것을 연마하고 정보 제공하여 경제 효과를 만들었다. 발생한 이익은 마을의 여러 곳에 투자하고 계속해서 상품을 연마하고 외지인을 불러들이는 일에 쓰이고 있다. 고향납세를 원동력으로 조금씩 마을경제 순환이 이루어지기 시작한 것이다.

고향납세 기부금은 비약적으로 늘었지만, 고이케는 좀 더 앞을 내다보고 있다.

키요라카사가 SMO의 일부분으로 재출발한 것은 마을로서도 저로서도 일대 전환이었습니다. 키요라카사의 관장을 그만두고 비로소 '고향납세에 주력하고 싶다'는 제 소망을 실천하며 SMO의 재정 기반 정비에도 공헌할 수 있게 된 것입니다. 정말 기쁘게 생각합니다.

이제는 마을의 존재 방식과 정책을 중심으로 기부를 더 늘리고 싶습니다. 지금 기부금 사용처에 대해서는 다른 선택지 없이 지자체에 맡기고 있습니다.

그러나 적극적으로 육아, 복지, 농업 등의 정책 답례도 만들 수 있을 것 같습니다. 그렇게 되면 우리를 응원하는 기부자도 늘어날 것입니다. 그게 고향납세의 본질 아닐까요. 기부금과 그 사용처를 통해 외지인들이 우리 마을을 알게 되는 효과가 나타날 테니까요.

물론 기부금으로 1차 산업에 투자하는 것도 구상하고 있습니다. 지금은 코로나의 영향도 있어서 답례품 생산자들의 부담이 매우 큰 상태인데 기부금을 투자로 돌려 마을 안의 생산자들이 신상품을 개발하게 된다면 답례품 종류도 늘고 좋을 것 같습니다. 결과적으로 마을경제가 윤택해질 것입니다. 그런 선순환이 이루어지길 바랍니다. (고이케 SMO 고향납세부 매니저)

미나미오구니마치의 고향납세와 기부금 현황

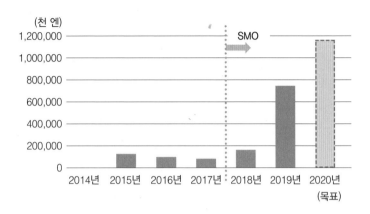

고이케 마사시

돈 버는 로컬

제2화살 전략에서는 오리지널 관광상품 판매에도 주력하고 있다. 2019년에는 1장에 3,000엔인 미나미오구니 드론 쿠폰을 200매 이상 판매했다. 관광협회에 파견된 대형 여행사 직원의 마케팅 활동이 결실을 보아 드론 쿠폰의 매출이 올라간 것이다. 그 덕분에 키요라 카사는 대형 버스도 갖게 되었다.

마을 내외의 사람을 연결하는
미래 만들기 사업

2019년부터 미나미오구니마치와 아소 지역의 미래 만들기 사업이 본격적으로 시작되었다. 미나미오구니마치의 '멋진 산골의 삶'을 지키고 후세에 물려주기 위한 인재 육성 프로그램을 시작했다.

2019년 5월에는 활동 거점으로 코워킹 스페이스 '미래 만들기 거점 MOG(모구, もぐ)'가 개설되었다. 마을 내외에서 사람들이 찾아와 일하기도 하고 직원들과 서로 아이디어를 교환하기도 한다. 창업과 사업 상담도 할 수 있다.

미래 만들기 사업의 핵심은 '창업 쥬쿠'와 '○○전략회의'를 실시하는 것이다.

창업 쥬쿠*는 마을에서 취·창업하고 싶은 외지인과 주민을 연결해 주는 합숙 형식의 프로그램이다. 창업 희망자들은 미래 만들기 사업

---

*일종의 취·창업 지원 아카데미를 의미한다. (역주)

코워킹 스페이스 '미래 만들기 거점 MOG'

부의 코디네이터와 함께 마을을 견학할 수 있다. '마을 파트너'라고 불리며 각 산업에서 활약하는 주민의 힘도 빌려 가면서 자신이 할 수 있는 일, 하고 싶은 일, 마을자원, 마을의 과제와 수요를 종합하여 미션을 정하고 사업 계획을 만든다. 마지막에 주민들에게 자신의 계획을 발표하여 의견을 듣고 미션을 한층 더 발전시켜 나가는 방식이다.

창업 쥬쿠는 '창업형 지역부흥협력대'*도 겸한다. 희망자들은 창업

---

*일본에서 2009년부터 실시한 지역부흥협력대의 정식 명칭은 '地域おこし協力隊'로서 원어 그대로 번역하면 '지역을 일으켜 세우는 협력대'이다. 우리나라에는 2015년부터 보도자료를 통해 소개되기 시작했는데, 지역이전협력대, 지역창조협력대, 지역만들기협력대, 지역활성화협력대, 지역진흥협력대, 지역방문협력대 등 여러 가지 이름으로 부르다가 2015년 말부터는 지역부흥협력대라고 부르기 시작했다. (역주)

쥬쿠를 수료한 후에 대원으로 참가할 수 있다. 대원이 되면 마을의 지원을 받으며 마을에 이주하여 최대 3년에 걸쳐 활동할 수 있다. 미래 만들기 사업은 창업형 지역부흥협력대가 마을에서 활동할 수 있도록 지원한다.

그렇게 창업 쥬쿠를 거쳐 창업형 지역부흥협력대원이 된 한 사람을 소개한다.

목공 장인인 도보 고즈에(當房こず枝)는 창업 쥬쿠 참가를 계기로 구로가와 온천의 목욕 쿠폰 서비스에 큰 문제가 있다는 것을 발견했다.

목욕 쿠폰은 1986년부터 발행하여 지금까지 300만 장 이상 팔린 나무 쿠폰이다. 미나미오구니마치의 오구니 삼나무로 만들고 있다. 이 쿠폰을 만드는 기술자는 단 한 명인데, 나무 쿠폰을 금이 가거나 갈라지지 않게 만드는 데는 고도의 가공 기술이 필요하다는 것을 목공 기술자인 도보가 눈치챈 것이다. 물론 주민들은 그런 문제를 알지 못했다. 창업 쥬쿠를 계기로 마을의 문제가 드러난 것이다.

도보는 자신을 포함하여 사람들과 나무 쿠폰 가공 기술을 배워서 팀으로 그 기술을 계승하고 싶다고 제안했다.

창업 쥬쿠에 참가한 사람이 반드시 창업형 지역부흥협력대원이 될 필요는 없다. 다만 그들이 이주를 하든 하지 않든 창업 쥬쿠는 마을 내외의 사람들이 마을과 이어지는 계기를 만들고 있는 것이다.

'지방에는 담당자가 없다', '후계자가 없다'는 말들을 자주 한다. 그러나 사람을 불러들이려면 일자리가 필요하다.

창업 쥬쿠(2020년 12월)

창업형 지역부흥협력대원 희망자와의 면담

돈 버는 로컬

미래 만들기 사업은 미래 만들기 사업부와 사람들이 함께 이주 희망자들의 일을 만들어간다는 것이 특징이다. 게다가 그 일은 마을의 문제해결에도 큰 도움이 되는 일들이다.

○○전략회의는 창업과 신규 사업에 도전하고 싶은 주민을 지원하는 사업이다. 마을의 과제를 주민이 공유하여 과제를 해결하는 장으로도 활용된다.

○○과제 전략회의에서 진행하고 있는 일은 이미 많다. 일례로 구마모토 특산품으로 유명한 적우(황소)에 관련한 일을 소개하겠다.

적우는 적당한 지방을 함유한 붉은 살이 많고 갈색의 털을 가지고 있다. 비육해도 경매업자와 정육점을 통해 판매하면 세금과 수수료가 나가기에 축산 농가에는 별로 이익이 남지 않는다. 게다가 인력도 부족해서 마을에서 적우를 키우는 농가는 점점 줄어들고 있다.

그런데 ○○전략회의를 계기로 '적우 판매회'가 진행되었다. 축산 농가가 경매자나 정육점을 통하지 않고 직접 팔 수 있는 장치를 만들어보는 것이다. 미래 만들기 사업부 코디네이터가 지원하여 어디서 어떻게 팔고 얼마의 이익이 나오면 비즈니스가 될 수 있을지를 실험하는 것이다.

지방에 이주하고 싶은 사람은 스스로 사업을 운영하여 인연을 하나하나 만드는 일이 대부분이다. 그러나 미나미오구니마치에서는 미래 만들기 사업부가 창구가 되어 주민과의 교류를 지원한다. 이주 희망자들에게는 정말 고마운 일이다.

창업과 마을의 문제해결이라는 구체적인 목적을 갖고 이주할 수 있는 것도 미나미오구니마치만의 매력이다.

미래 만들기 사업은 빈집에 살 사람을 모집하는 방식 등으로 이주자를 모으지 않는다. 창업 쥬쿠도 ○○전략회의도 구체적인 과제와 미션을 가지고 있는 사람을 모으는 장치다.

이외에도 여러 가지를 시도한다. 마을 내외의 사람들이 각자 한 개씩 음식을 갖고 와서 점심을 먹으면서 가볍게 정보를 교환하는 'MOGMOG DAY'도 부정기적으로 열린다. 이 만남을 계기로 호우 피해를 본 캠프장을 돕기 위한 크라우드펀딩을 한 일도 있다.

MOG는 가이드 투어 담당자 월 맥스(Wall Max, DHE의 SMO 파견 직원)가 중심이 되어 마을에 거주하는 외국인 커뮤니티 만들기의 장으로도 활용된다. 마을에는 외국 국적의 사람이 100명 정도 있고, 구로가와 온천에서 일하는 외국인도 늘고 있다. 그러나 대부분 주민과 교류가 없고, 주민들은 그 정도로 많은 외국인이 마을에서 일한다는 사실조차 모른다.

외국인 대부분이 친구도 없이 그저 집과 직장만 오가면서 생활한다. 이 상황을 안타깝게 생각한 맥스는 인터내셔널 점심 모임을 개최했다. 마을 친구가 늘면 이야기하러 오기도 하고, 고민 상담도 할 수 있고, 마을에 좋은 인상을 갖게 되면 그것이 관계인구와 교류인구의 증가로 이어질 수도 있다.

미나미오구니마치에는 마을자원이 많이 있다. 관광업과 농업, 임업이라는 인력 부족 산업이 많다. 외국인이든 아니든 이주자가

돈 버는 로컬

살기 좋은 곳이 되면 마을에서 좀 더 좋은 순환이 이루어질 것이
다. (맥스 DHE의 SMO 파견직원)

마을에서 낙농과 축산에 종사하는 사토 가쓰아키(佐藤勝明)는 미
래 만들기 사업과 MOG의 역할을 높게 평가한다. 사토는 미나미오
구니 DMO 설립검토위원회와 설립준비위원회의 위원으로서 마을과
SMO가 어떻게 해야 하는지에 대해 기탄없이 의견을 낸 한 사람이다.
나는 마을에서 일하면서 사토에 대해 매우 인상적이라고 느꼈다.
DMO 설립을 검토할 당시 그는 내게 이런 이야기를 했다.

지금까지 마을 만들기를 위한 회합과 워크숍에 몇 번이고 참가
해 왔지만, 그때마다 마을이 변하지 않았다.

지금 사토의 눈에는 SMO의 노력이 어떻게 보일까.

설립준비위원회를 끝으로 이제 마을 만들기 회의에는 나가지
말아야겠다고 생각했었습니다. 여러 회의에 참여하면서 마을이
목표로 하는 방향성은 알았으니 이제는 본업인 농업과 축산업에
서 공헌하면 되겠다고 생각했기 때문입니다.

1차 산업은 인력도 젊은이도 부족하고, 구로가와 온천 이외의
마을에서 돈을 벌 수 없다는 문제는 물론 충분히 인식하고 있고,
스스로 뭔가 해보고 싶다는 생각도 오랫동안 해왔습니다.

다만 모두 본업이 있기에 사람과 사람을 연결하면서 마을의 곤란한 일을 해결하는 것은 좀처럼 하기 어렵습니다. 마을사무소도 바쁘니까요. 결국 대략 이렇게 하면 마을이 잘된다는 방향성은 느꼈지만, 실제로 해보기는 어려울 것 같다고 생각했습니다.

DHE가 처음 이야기를 들으러 왔을 때 저는 "마을 만들기를 한다면 마지막까지 책임지길 바란다"라고 이야기했습니다. 이제까지 왔던 컨설팅 회사의 사람들은 지혜는 내놓지만, 같이 뛰지는 않았으니까요. 그렇지만 당신들은 끝까지 우리와 함께해주었기 때문에 할 수 있는 것은 협력해보자고 생각을 바꾸게 되었습니다.

지금은 키요라카사의 적자가 해소되고 SMO가 중추적으로 일을 하고 있으므로 예전보다 마을 만들기가 잘되고 있다고 느낍니다. 그중에 MOG에 대해 기대가 큽니다. MOG야말로 SMO의 가장 큰 성공 사례라고 생각할 정도예요.

언제 가더라도 늘 모르는 젊은이들을 만납니다. 마을에 관심 있는 사람이 이렇게 많다는 것이 놀라워요. 이제까지 제 주변에는 할아버지나 할머니밖에 없었는데 말이죠.

MOG는 '마을의 현관' 같습니다. 이주하고 싶거나 마을과 관계하고 싶은 사람과 마을을 연결하여 지원해주는 역할을 하는 거죠. 마을의 의견과 고민을 바로바로 말할 수 있고, 사람과 조직을 연결하며 문제를 해결하는 조직이 되면 좋을 것 같습니다.

SMO가 어떤 조직인지 아직 알지 못하는 주민도 있으니 좀 더 적극적으로 성과를 알릴 필요도 있습니다. [사토 젊은농가조직

농민봉기(百姓いっき) 대표, 위원회 위원]

사토가 절찬한 MOG와 미래 만들기 사업부 책임자는 2019년 4월에 도쿄에서 이주한 아베 지히로(安部千尋)다.

아베는 도쿄도 출신으로 도쿄에서 공무원을 한 후 사회사업 코디네이터로서 지방창생 업무도 했다. 2018년에 미나미오구니마치와 도쿄에서 이벤트를 한 계기로 이주를 생각하게 되었다고 한다.

그때 도쿄의 관계인구분들에게 미나미오구니마치의 '현실'을 소개하는 이벤트를 기획하여 프로보노로 참여했습니다. 이벤트에 다카하시 정장과 마을 주민들이 도시락을 가지고 오셨고, 참가자들에게 마을 특산품을 선물로 주셨지요.

마을 주민의 에너지와 따뜻함, 그분들이 열광하는 마을 만들기의 기운에 흠뻑 빠져버렸어요. 그래서 '미나미오구니마치에 살고 싶다'고 생각하게 되었습니다.

이벤트 때 마을사무소 직원이 미래 만들기 사업에 관해 말해주셔서 내가 해보고 싶은 아이디어를 기획서로 제출한 것이 계기가 되어 SMO에서 일하게 되었습니다.

사실은 남편도 예전 직장에서 지방창생 업무를 했기 때문에 저보다 앞서 미나미오구니의 팬이었어요. 원격근무를 할 수 있고 정기적인 수입이 있었기 때문에 내가 이주하자고 제안하자 찬성해주었습니다. 그래도 아이들 때문에 여러모로 고민했지만, 최종적

으로는 가족이 함께 이주하기로 했습니다. (아베 SMO 미래 만들기 사업부 부장)

아베는 이주 후 미래 만들기 사업부 부장이 되었다. MOG 설립을 시작으로 사업 전체의 기획과 설계, 예산 관리를 담당하고 있다.

그런데 아베에게 고민이 생겼다. 남편 고지에게 SMO의 COO가 되어달라는 제안이 들어온 것이다. SMO가 초대 COO 기타오카의 후임자를 찾던 시기였다.

처음에는 반대했어요. 도쿄에서 부부가 와서 반년 만에 SMO의 요직을 맡는 것은 너무 빠르다고 생각했죠. 남편은 이주 후에 자신이 할 수 있는 것이 있으면 무언가 마을에 도움이 되고 싶다고 말했지만, 정작 그런 제안이 들어오자 바로 대답하진 못했습니다. 결국 저도 찬성하여 맡게 되었지만요.

SMO의 사업, 특히 미래 만들기 사업은 성과가 나타나기까지 시간이 오래 걸리고 오히려 그 과정에서 돈만 많이 들어갈지도 몰라요.

남편은 지방창생 업무를 했었기 때문에 사람을 만들어 생업을 잇는 미래 만들기 사업의 중요성을 잘 이해하고 있습니다. 그런 사람이 SMO의 COO가 되는 편이 마을을 위해서도 자신을 위해서도 좋지 않겠냐고 생각하게 되었습니다. (아베 SMO 미래 만들기 사업부 부장)

사토는 이주자인 아베 부부가 SMO 운영을 담당하는 것에 대해 이렇게 말한다.

이 마을 출신인지 아닌지는 상관없어요. 그보다는 실력 있는 사람이 담당해준다면 좋다고 생각해요.

최근 이분들이 이주한다고 들었을 때 기쁘긴 했지만, 마을에서 할 일이나 있을까 하고 걱정했어요. 아무 계획 없이 와서 힘들어 하는 사람들을 많이 봤으니까요. 그런데 SMO에서 일하게 되었다고 해서 안심했어요.

나는 아베 부부가 도쿄 이벤트에 어떻게 참여했는지 알고 있었기 때문에 그분들이 SMO에서 힘을 보태준다면 오히려 안심할 수 있고, 고마운 일이라고 생각했습니다. [사토 젊은농가조직 농민 봉기(百姓いっき) 대표, 위원회 위원]

아베는 미래 만들기 사업의 매력에 대해 이렇게 말했다.

미래 만들기 사업부의 직원들과 "누구랑 누가 이어지면 좋을 것 같다", "이런 일에 도전해보고 싶다"라는 이야기를 나누면서 그런 의견을 확실한 프로젝트로 만들자고 말합니다. 그게 우리의 역할이니까요.

미래 만들기 사업의 매력은 내가 상상했던 것 그 이상의 재미있는 일이 벌어진다는 거예요. 나 혼자서는 할 수 없지만 사람과 사람이 이어지면 생각지도 못한 대단한 가치가 생깁니다. 그 현장을 눈으로 목격하는 것이 좋아서 이 일에 빠져들었어요.

창업 쥬쿠나 ○○전략회의에 참여하고 협력해주는 주민분들이 모두 정말 멋있어요.

앞으로는 '창업 쥬쿠'라는 명칭을 바꿀까 합니다. '창업'이라는 말의 이미지는 사람마다 다를 수 있으니까요. 미래 만들기 사업에서 '창업'은 '생업 만들기'라는 의미여서 창업은 수단이지 목적이 아닙니다. 그런 의미를 담은 새로운 명칭을 만들고 싶습니다.

무언가를 시작하고 싶은 사람은 누구나 미래 만들기 사업부와 MOG를 잘 활용하면 좋겠어요. 같이하길 바라는 사람이 있으면 같이해줄 수 있지만 "스스로 할 수 있을 것 같다"라는 사람은 스스로 하게 두어도 돼요.

즉, 모든 프로젝트를 하나부터 열까지 지원하는 것이 아니라 지원하기도 하고 안 하기도 하면서 다양한 관계를 작게 많이 갖는 것이 미나미오구니마치만의 미래 만들기 스타일이에요.

그렇게 하는 편이 주민과 자율적으로 건전한 관계를 맺는 방법이라고 생각해요. (아베 SMO 미래 만들기 사업부 부장)

[제3화살]의 성과

인바운드 대상의 가이드 투어 개발,

마을 고유의 킬링 콘텐츠 판매를 생각한 제3화살

2020년 이후에 실행하려고 했지만 코로나 때문에 일정을 변경한 전략도 있었다. 그러나 코로나 후를 내다보고 영국·미국·호주의 인바운드 대상 관광상품에 대한 고민을 계속하고 있다. 이미 키요라 카사를 중심으로 새로운 시도도 시작했다.

제3화살은 인바운드 대상의 가이드 투어의 개발·판매에 주력한다. 투어 개발은 DHE에서 SMO에 파견한 스웨덴 출신 윌 맥스가 담당한다.

맥스는 마을의 농가와 임업, 민박 사업과 관련된 주민의 협력으로 멋진 산골을 체험하는 인바운드 대상 가이드 투어 프로그램 '사토야마 여행(Satoyama Journey)'을 개발했다.

이 투어의 특징은 맥스가 통역하기 때문에 일본어를 할 수 없는 외국인이 즐길 수 있다는 것이다. 또한 사이클링과 농업·임업 체험 활동을 통해 산골 환경이 농업인과 임업인의 손으로 만들어져 유지된다는 사실을 이해할 수 있다. 그저 관광자원을 둘러보는 유람이 아니라 실제 체험과 마을 주민과의 교류를 중시하는 것이다.

아름다운 경치와 삶을 관광자원의 재료로 만들어 마을 전체가 벌 수 있게 된 것이다.

이 투어의 대상은 일본이 마음에 들어 여러 번 찾아온 외국인입니다. 일본에 이미 여러 번 와 봤기 때문에 꾸밈없는 일본의 맨얼굴과 일본의 본질을 알고 싶은 사람, 좀 더 깊은 여행을 하고 싶은 사람들입니다. 이런 사람들은 가이드북에 나오지 않는 곳, 마을 주민밖에 모르는 곳에 가고 싶어 합니다.

이 투어를 통해 자신의 일상생활과 전혀 다른 일본의 생활과 가치관을 알고 싶어 하지요. 그러면서 자기 안에서 변화가 나타나거나 성장의 계기가 되면 정말 기쁘겠습니다.

사토야마 여행은 단순히 그냥 둘러보는 투어가 아닙니다. 적극적으로 참여하는 내용을 포함합니다. 저는 마을의 친구를 소개해주는 것 같은 분위기를 만드는 것을 목표로 하고 있습니다. '손님'과 '서비스 제공자'라는 관계를 없애고 싶어요.

일일 투어는 내용에 따라 다르지만 1,350-3,400엔 정도의 가격대입니다. 일본어를 할 수 없는 외국인 관광객이 혼자서는 좀처럼 갈 수 없는 일본 시골에 가서 통역해주는 가이드를 통해 이런저런 사람과 이야기할 수 있는 것이 장점입니다.

고부가가치 투어이기 때문에 타깃인 영국, 미국, 호주인에게는 적절한 가격이라는 평가를 받습니다.

주민들은 농업과 임업이라는 본업이 있는데도 그것을 쉬면서까지 투어에 협력해주고 있습니다. 모두에게 확실히 환원하는 의미도 부여하면서 투어를 진행합니다.

"도와주길 잘했다"라고 여겨질 수 있을 정도의 대가는 지불하고 싶어요. 투어에 협력해준 사람들은 마을의 동료들인데 평소 알고 지내던 분들입니다.

용무가 있을 때만 연락하는 것이 아니라 놀러 가기도 하고 일이 있으면 도와주기도 합니다. 그런 분위기가 가이드 투어에서도 참가자에게 전해집니다. '미나미오구니의 친구를 다른 친구에게 소개해주는 분위기'를 원한다면 개인적으로 관계를 맺어두는 일이 빠질 수 없습니다.

스웨덴에서 온 나 같은 사람이 마을에 이주해 와서 마을을 위해 여러 가지 일을 하려고 하니 모두가 도와주지 않으면 안 된다고 생각하는 것 같습니다. 그런 친절함을 느낍니다. 외국인이 자신들의 꾸밈없는 생활을 보고 감동하면 자신들의 산골 생활이 멋지다는 것을 재확인할 수 있으니까 기꺼이 투어에 협력해주는 것 같습니다.

일일 투어를 만들긴 했지만, 다음에는 아소 지역까지 넓혀서 체류 시간을 3박 4일 정도로 늘린 투어도 만들고 싶어요.

예전에 기차 타고 규슈를 여행한 일이 있습니다. 미나미오구니마치를 포함해 규슈의 시골에는 '옛날 일본의 모습'이 남아있습니다. 모험 같은 여행을 할 수 있는 장소라고 느낍니다.

자원봉사 같은 여행 스타일도 언젠가는 하고 싶어요. 내 고향인 스웨덴에서는 많은 돈을 내고 숙박과 식사를 제공받는 단기간 자원봉사 형식의 여행이 일반적입니다.

중노동으로 힘들어하는 연배의 농가가 많으니까 농가와 농업

체험에 관심 있는 사람을 마을 주민과 이어주면 좋지 않을까요.
(맥스 DHE의 SMO 파견직원)

맥스의 투어는 산골 생활과 일하는 현장을 둘러보는 내용이다. 마을에서 농가 민박과 캠프장을 경영하는 '요시와라 곤베에촌'은 투어의 인기 장소 중 하나다. 그곳을 경영하는 사토 유키하루(佐藤幸治)와 노리코(法子)는 다음과 같이 투어에 협력한다.

맥스는 친절하고 친해지기 쉽고 센스 있는 사람이에요. 이렇게 열심히 우리 마을을 위해 일해주기 때문에 나도 뭔가 해야 할 것 같다는 생각으로 투어에 협력합니다.

이곳을 찾은 분들에게는 채소 수확과 조리를 체험하게 합니다. 함께 밭에 가서 채소를 수확하고 그것으로 만들 요리를 정하죠. 그렇다고 특별한 요리를 만드는 건 아니고 단출한 향토 요리뿐입니다.

예를 들어 토란과 무, 당근, 곤약, 우엉에 간장을 넣고 끓인 감잣국 같은 거죠. 순무가 나오면 유부도 넣어서 살짝 졸이고요. 모두 옛날부터 먹어왔던 것들입니다.

참가자들은 조를 나누어 서로 다른 요리를 합니다. 아궁이에서 밥 짓기와 두부 만들기는 남편이 담당합니다. 밥을 뜸 들이는 사이에 남편은 아이들에게 조랑말을 태워주기도 하고, 경차로 캠프장을 안내하기도 하고, 성냥으로 불 지피는 방법도 알려주곤 합니다.

사투리도 섞어가며 옛날 사람처럼 말을 걸기도 합니다. 그렇게 하면 친근함을 가질 수 있고 재미있을 것도 같아서요. 돌아갈 때는 "아줌니가 선물 하나 줄꼬마"라고 사투리를 알려주는 것처럼 말합니다.

원래 우리 집은 소 키우고 논농사와 밭농사를 하는 농가였습니다. 아이들이 컸을 즈음 태풍으로 나무들이 쓰러져 있는 뒷산을 어떻게 할까 생각하던 중에 심심풀이로 캠프장을 시작했어요.

나무를 심던 것도 좋았지만 이제는 '여기를 활용하여 인간이라는 나무를 새로 키워보자'고 생각한 것입니다. 그사이에 축사를 개조하여 숙박업 자격을 취득하고 농가 민박도 시작했습니다.

20년 가까이 마을의 산촌 활성화 활동을 하며 토지의 훌륭함을 나름대로 체험하던 차에 맥스와 만났습니다.

10년만 젊었어도 일이 바빠 투어에 협력하지 못했을 겁니다. 시시한 일이라고 생각했을지도 모릅니다. 그런데 지금은 이 토지의 훌륭함을 많은 사람에게 전하고 즐길 수 있는 활동을 하고 있습니다. 이러한 일이 마을을 활성화하는 데 절대적으로 필요하다고 생각했기 때문에 맥스가 하는 일과 저의 활동은 같은 일이라고 생각합니다. 그래서 맥스와 함께 적극적으로 마을을 알리자는 마음을 갖게 되었습니다.

맥스는 품성이 좋아요. 외국인이 이렇게까지 마을을 사랑하고 생각해주는 것이 대견하다고 생각하고 기쁘기도 해요. (사토 곤베에촌 대표)

사토 유키하루·노리코 부부와 윌 맥스

사토 부부는 SMO가 생기면서부터 마을에서 젊은이를 자주 볼 수 있게 되었다고 느끼고 있다.

SMO가 생기면서부터 들락날락하는 젊은이들이 말을 걸어오게 되었지요. 마을 전체에 "다 함께 마을을 유명하게 만들어 마을의 좋은 것을 팔아보자"라는 분위기가 생긴 것 같은 느낌입니다.

맥스가 케이블 TV에 나와 마을을 소개하기 때문에 마을 사람들도 SMO 활동에 관해 많이 알게 되었어요.

맥스가 알려주기 전까지는 우리의 일상생활과 여기에서의 체험에 투어의 가치가 있다고는 생각해본 적이 없어요. 그런데 이제는 마을 사람들 대부분이 "이런 체험 활동을 제안하고 싶다", "나도

무언가 할 수 있지 않을까"라고 생각하기 시작해서 마을 전체도
활기를 띠게 되었어요. (사토 노리코 곤베에촌 대표)

과연 예전보다 마을에 젊은이가 느는 것을 느낄 수 있습니다.
저는 20년 전부터 관광협회 회의에 참가하고 있는데, 회의에 '관
광과 농업을 일체화하지 않으면 안 된다'는 과제가 나왔었습니
다. 그렇지만 좀처럼 생각대로 실현하지 못했지요.

지금은 마을 사람들도 지산지소나 그린 투어리즘에 관한 이해
의 폭이 넓어져 "그냥 온천 하고 맛있는 것만 먹는 것이 관광이 아
니다. 자연과 일체화하는 것이 진짜 관광이다"라는 식으로 인식
이 변했어요.

이런 상황에서 농가들은 큰 기여를 할 수 있어요. 아직 농업과
관광이 일체화하지 않지만, 앞으로는 농가에서도 손님을 편하게
맞는 마음을 갖고 투어가 활성화되면 좋겠습니다. (사토 곤베에
촌 대표)

투어에 협력하는 분들은 관광업 종사자만이 아니다. 그들이 본업
을 잠시 쉬면서까지 그렇게 적극적으로 협력하는 이유는 무엇일까.
아소삼림조합의 사토 다케히로(佐藤武弘)는 투어에 넣을 수 있는
임업 체험 프로그램을 만드는 데 협력했다. 그가 그렇게 협력한 이유
는 마을의 임업 현실에 위기감을 느꼈기 때문이다.

마을 임업의 제일 큰 문제는 후계자가 없다는 것입니다. 목재 가격이 하락했기 때문이죠. 순이익은 전성기의 1/4 정도 수준이에요. 임업으로 생계를 잇던 시절도 있었지만, 지금은 그럴 수 없는 시대가 되어버렸습니다.

집 짓고 싶어 하는 사람들이 줄었고, 있다 해도 국산 자재는 쓰지 않아요. 끌과 대패로 목재를 가공하여 집 짓는 사람도 많이 줄었습니다. 그래서 모두 임업을 그만두어 버렸습니다. 지금은 임업을 전업으로 하는 사람은 극소수예요.

그래서 SMO 같은 조직이 꼭 필요합니다. 우물 안의 개구리가된 것처럼 좀체로 새로운 일이 생기지 않는 마을이기 때문에 이제는 여러 가지 자극을 받아 일을 만들어내야만 합니다.

적어도 한 번은 마을을 떠난 젊은이가 마을로 돌아올 수 있는 새로운 환경을 만들어보고 싶어요. 어린이들이 어려서부터 오구니 삼나무가 어떻게 자라고, 어떤 용도로 쓰이고, 자라는 데 얼마나 걸리는지 알게 되고, 이 나무가 언젠가는 자신들을 위해 쓰인다는 것을 깨닫는 '목육(나무 교육)'을 하면 좋을 것 같아요.

맥스의 투어는 구로가와 온천 위의 '스즈메 지옥'이라는 장소에서 나무 자르기를 보여줍니다. 전기톱으로 통나무를 몇 등분하여 테이블과 의자를 만드는 공정을 보여주고, 그루터기에 맥스가 앉아서 계곡물로 만든 커피를 마시지요.

쿠르릉 하고 큰 소리를 내며 넘어지는 나무를 보는 것만으로 모두가 그 정도로 신나는 것에 놀랐습니다. '이 정도에 놀랄 줄이야!' 하는 신선한 느낌이었죠. 내 일상이 다른 사람에게 비일상이라는 것, 즉 특별할 수 있다는 생각을 좀처럼 하지 못했습니다. 그런 새로운 경험과 생각을 맥스에게 배웠습니다.

투어를 도울 때는 본업을 잠시 제쳐두어야 하지만 투어 참가자 중에 나중에 임업에 관심이 생겨 맡아줄 사람이 나올지 모른다는 기대감으로 돕고 있어요.

아무리 '산골, 산골'이 중요하다 해도 임업을 이어서 맡아줄 사람이 없다면 산골도 유지할 수 없어요. 농업은 날씨가 나빠 그해 수확이 좋지 않아도 다음 해가 있지만, 임업은 십수 년이 지나야 첫 결과가 나오는 것이어서 하루라도 빨리 어떻게 하지 않으면 아무것도 얻을 수 없어요.

사토 다케히로

기회가 되면 누구와도 교류하여 연대하고 싶어요. 다른 산업이나 다른 분야의 사람들과도 언제든지 함께할 수 있다고 생각하니까요. 코로나 때문에 마음처럼 활발히 활동할 수 없는 것이 유감이에요.

마을사무소를 새로 지을 때, 벌목한 장소에 삼나무 묘목을 심어서 키우는 것을 투어에 넣을 수 있지 않을까 등등 생각은 했지만….

임업만으로는 생계가 힘들어서 농업과 겸업하여 이주의 계기를 마련하면 좋겠다는 생각도 해봤어요. 임업 창업 지원사업도 있지만 어떤 지원사업을 해도 이주자가 적은 게 현실이죠.

그래서 '사람'을 늘리기 위해 SMO와 함께 새로운 일을 시작해보고 싶네요. SMO는 사람과 사람을 이어주는 조직 같아요. 관광이나 이주에 있어서 창구를 SMO로 일원화하는 것이 좋을 것 같아요. (사토 아소삼림조합 사업부 임산·공판·판매과장, 위원회 위원)

맥스가 기획한 가이드 투어는 코로나 전에 세계 최대의 어드벤처 레벨 단체 '트래블 트레이드 연합(Adventure Travel Trade Association, ATTA)' 회장이 실제로 미나미오구니마치에서 체험하고 높이 평가했다. SMO는 코로나가 끝나면 투어를 본격적으로 판매할 계획이다.

사토야마 투어의 농장 체험 수확 풍경(요시와라 곤베에촌)

농장 체험 투어에서 요리하는 외국인 관광객

사토야마 투어의 임업 투어

그 자리에서 자른 나무로 만든 테이블과 의자

돈 버는 로컬

도시락 배달 서비스로 지산지소 실천

제3화살에는 구로가와 온천 문제해결을 목표로 시작한 일이 돌고 돌아 주민을 위해 생긴 시도도 있다. 바로 구로가와 온천 직원을 위한 도시락 배달 서비스다.

구로가와 온천의 일부 료칸에서는 직원의 식사가 주방장과 주인에게 큰 부담이었다. 그 고민을 들은 SMO의 직원은 키요라카사 주방을 활용하여 도시락을 만들어 구로가와 온천에 배달할 것을 제안했다.

마침 SMO에서는 구로가와 온천에서 제공하는 식사의 지산지소 비율을 높이고자 했기 때문에 키요라카사에 납품된 식재료로 도시락을 만들게 되면 지산지소 비율이 더 높아질 수 있으니 일석이조의 효과를 볼 수 있었다.

키요라카사는 2020년 1월부터 도시락 만들기를 시작했다. 구로가와 온천의 4개의 료칸에 600개를 판매했다. 그 후 도시락을 이용하는 여관은 12개로 늘어 2020년 11월까지 월 1,600개를 판매했다. 키요라카사의 레스토랑을 열지 않는 12-3월에도 도시락 배달 때문에 주방 인력을 채용하게 되었다. 이 도시락은 구로가와 온천의 직원뿐만 아니라 키요라카사 주변의 주민도 구매하는 인기 상품이 되었다.

도시락 만들기를 시작한 다음 달인 2020년 2월 27일에 전국 초중고에 휴교령이 내려져 어린이가 있는 가정은 집에 있는 어린이의 식사를 해결하기 위해 이 도시락을 구매하기도 했다. 또한 이 도시락은 마을의 독거노인, 밥하기 어려운 주민에게도 도움되었다.

도시락은 키요라카사에서 판매하고 있는 식자재로 만들기 때문에 반찬만 400엔(세금 포함)이라는 저렴한 가격으로 판매할 수 있었다.

도시락의 메뉴 만들기는 관리 영양사 자격증이 있는 SMO의 직원이 담당한다. 구로가와 온천의 도시락은 마을의 문제뿐만 아니라 주민들의 건강 증진에도 기여하고 있다.

구로가와 온천에 도시락 배달 서비스를 실현하기 위해 전력을 다한 구로가와 온천 관광여관협동조합의 기타자토 유키(北里有紀)에게 서비스를 시작한 과정을 물어보았다. 기타자토는 SMO 설립검토위원회와 설립준비위원회 위원이기도 하다.

직원들의 식사를 준비하는 것에 대한 부담의 정도는 료칸마다 달라요. 따라서 부담을 크게 느끼는 몇몇 료칸의 직원 식사 부담을 덜면서 키요라카사의 레스토랑 문제도 해결하는 방안을 고민했지요.

예전 같으면, 도시락 만들기 같은 구체적인 행동을 생각하지 못했겠지만, SMO가 있어서 좀 더 적극적으로 부담 없이 움직일 수 있었어요.

목소리 큰 사람의 주장이 받아들여지기 쉬운 경향이 있지만, 말해봤자 안 통할 거로 생각하는 사람의 의견도 기꺼이 들어줄 수

돈 버는 로컬

기타자토 유키

있는 장치가 있었으면 좋겠어요.

그런 작은 의견도 사업으로 이어질 수 있고 해결의 실마리가 될 수 있으니까요. 저는 SMO 설립부터 참여하고 있는데, SMO가 반드시 성공해야 한다고 생각해요. 이러쿵저러쿵 말하는 사람들도 있지만, 그 방식은 달라도 마을 주민 모두 마을의 좋은 미래를 위하는 마음은 같을 거예요. (기타자토 구로가와 온천 관광여관협동조합 전 조합장·이사 위원회 위원)

마을상품, 막걸리의 존속

키요라카사는 마을 고유의 상품인 '도부로쿠(막걸리)'의 존속에도 기여하고 있다. 미나미오구니마치가 있는 구마모토현 아소군은 정부가 지정한 '도부로쿠 특구'이다. 그러나 미나미오구니마치에서는 막걸리 생산자가 감소하고 남아있는 곳은 애플민트 허브농장 단 한 곳뿐이다.

이 농장은 농약·화학비료·제초제를 사용하지 않는 환경 보존형 농업으로 쌀을 재배한다. 그러나 이곳 역시 사정이 힘들어 더 이상 막걸리 생산이 어려워졌다.

그래서 애플민트 허브농장과 SMO가 합작하여 막걸리를 공동 생산하게 되었다. 원재료 비용의 일부를 SMO가 부담하고, 생산된 막걸리는 키요라카사에서 판매하는 방식으로 운영한다. 지금까지는 애플민트 허브농장이 제조부터 판매까지 모든 공정을 맡았지만, 이렇게 분담하여 농장은 막걸리 제조에만 전념할 수 있게 되었다.

이렇게 마을의 매력적인 상품 만들기를 응원하며 확실히 판매를 책임지는 것도 SMO의 역할이다.

체험형 미디어로서 카페 운영

2020년 9월, 폐쇄되었던 키요라카사의 레스토랑을 '키요라 카페'로 다시 열었다. 코로나 상황이라 시식 코너를 운영할 수 없는 상황에서, 카페에서 마을 식재료로 메뉴를 구성하여 일종의 시식 코너와 같은 역할을 하게 만든 것이다. 말하자면, 시식처럼 카페 메뉴를 먹어보고 마음에 드는 것을 키요라카사에서 사도록 하는 흐름을 만든 것이다.

대표 사례가 '키요라 핫도그'다. 미나미오구니마치와 오구니마치를 합친 오구리코 지역에서 생산된 채소와 미나미오구니마치의 유명한 찻집의 빵으로 만들었다. 카페는 상품 진열만으로는 전달할 수 없는 맛과 생산자의 마음을 체험하게 하는 일종의 '체험형 미디어' 역할을 한다.

카페에서 사용하는 식기를 브랜드화한 '키요라(Kiyora)'도 큰 인기다. 이 그릇은 마을의 장애인 지원센터 유아이(悠愛)와의 합작품이다.

오구니 삼나무를 다루는 마을기업과 마을의 창업형 지역부흥협력대는 '식(食)'과 '나무(木)'를 결합한 판매 부스도 설치했다. 이 부스는 마을에서 새롭고 매력적인 시도를 하는 사람들과 그들의 사업장을 소개하는 역할도 한다.

SMO 설립 전에는 그토록 걱정했던 상태의 키요라카사가 이렇게 많은 시도를 하여 성공한 것은 직원들의 의욕을 북돋게 하는 환경을 만들었기 때문이다.

SMO의 채용 규정을 최근 변경했어요. 원래 있던 정규직 외에 한정 정규직 제도를 도입해서 단기간만 일하는 것도 가능하게 했지요.

주 3-4일 정도 근무하는데 40시간 일하는 것이 아니라 32시간만 일하는 정규직이에요. SMO의 정규직이지만, 월 11일 정도는 프리랜서로 일하면서 SMO의 일도 충실히 하는 식의 고용 방식입

키요라 카페에서 제공하는 메뉴와 식재료는
모두 지역상품 판매소에서 구입 가능

아베 고지

돈 버는 로컬

니다.

이런 구조 속에서 직원들이 좀 더 적극적으로 주체성을 발휘하여 카요라카사의 적극적인 변화가 이루어질 수 있었어요.

SMO에서 오래 근무하는 것도 물론 환영하지만, 그렇지 않더라도 일시적으로 경력을 쌓는 곳이나 다음 단계를 도모하기 위한 곳으로 SMO를 활용해도 좋습니다.

직원의 경력과 도전 그리고 자기실현에 SMO가 기여하고 싶습니다. (아베 고지 SMO COO)

SMO로 인한 변화

지금까지 3개의 화살 전략의 성과를 살펴보았다. 2018년 7월, SMO 설립 후부터 지금까지 진행된 마을의 여러 변화에 대해 주민들은 어떻게 생각할까.

SMO 설립 준비에 관여한 미나미오구니마치 관광협회의 히라노 나오키(平野直紀) 회장은 SMO만의 방식, 즉 노하우가 계승되는 것이 가장 큰 성과라고 평가했다.

키요라카사 리모델링을 완료한 시점에 SMO가 설립되었어요. "기껏 돈 들어서 리모델링했는데 뭘 또 만들겠다는 거냐", "외지인과 정장이 마음대로 말아먹는다"는 소리가 여기저기서 들렸지요. 의회도 DMO 설립을 반대했으니까요.

그러나 정장과 위원들은 굴하지 않고 담담하게 일을 진행했습니다. 야나기하라도 "우리 탓으로 해도 좋다"라며 나서서 비난을 수용하는 태도를 보였어요.

비판이 줄어든 것은 2018년 키요라카사가 흑자 전환을 하고 고향납세 기부금도 많이 받았기 때문이에요. 코로나 위기 속에서도 그렇게 이익을 내서 사업자들을 자력으로 지원할 수 있는 상태까지 만들었으니까요.

관광협회의 성과로는 이제까지 할 수 없었던 '외부의 관점으로 관광상품 만들기'를 달성한 거예요. 모리나가 사무국장이 근무하게 되면서 여러 가지 노력을 한 것도 큰 도움이 되었고요.

프로모션을 할 때마다 인력이 부족해서 외주로 맡기다 보니 마을에 노하우가 축적되기 어려웠어요. 지금은 SMO가 독자적으로 하고 있으니 마을에 노하우가 축적되는 상태가 되었죠.

지금 관광협회는 새로운 시도를 하고 있습니다. 매해 어린이도 줄고 있는데 되도록 젊은이들이 남을 수 있는 매력적인 마을을 만들려고 오구니 고등학교와 협력하여 학교에 드론부를 만들었어요.

촬영과 편집도 배울 수 있습니다. 드론부 활동을 통해 창의적인 일에 흥미를 갖게 되면, 마을 홍보에 기여할 수 있을 것 같아요. 관광을 모티브로 마을의 문제해결까지 도모하는 첫걸음이 될 것으로 기대합니다.

지금은 SMO 관광부 안에 관광협회 사무국이 있는데, 앞으로

히라노 나오키

는 이것도 하나로 합쳐 사람·돈·정보가 집중하게 해야지요. 마을 주민으로 구성한 관광협회와 SMO가 하나가 되면 마을 주민들도 더욱 SMO를 마을을 위한 조직이라고 느껴 협력할 것 같습니다. (히라노 나오키 미나미오구니마치 관광협회 회장, SMO 이사, 위원회 위원)

히라노의 이야기에 등장한 미나미오구니마치 관광협회의 모리나가 미쓰히로(森永光洋) 사무국장은 2014년에 마을에 이주했다. 공모로 채용되어 SMO의 CMO(Chief Manager/Marketing Officer)로 활약하고 있다.

되돌아보면 제가 마을의 관광진흥사업에 참가한 '제1호 외지인

이주자'입니다. 사무국장으로 일하면서 마을 주민들과 교류했고, 마을의 관광 문제를 찾아 해결하려고 노력했어요.

개인이나 작은 촌락 단위에서 하기 어려운 일을 관광협회라는 조직으로 해결하려고 한 것이지요. 이런 노력이 인정받으면서 '외지인의 힘도 중요하다'는 식으로 주민들의 인식도 변했어요.

그 후 다카하시 정장을 중심으로 '관광을 수단으로 마을 만들기'가 진행되면서 마을경제 순환이라는 목표가 제시되었습니다. 그 바탕에 있는 것은 2016년 구마모토 지진 때 마을의 관광업이 멈추어 경제활동도 멈춰버린 쓰라린 경험입니다. 구마모토 지진을 계기로 관광을 수단으로 마을 전체가 버는 마을을 만드는 것이 중요하다는 것을 다시 한번 깊게 인식하게 되었습니다.

코로나 확대로 모든 관광지가 어렵지만, SMO에서 추진한 어드벤처 투어리즘 구축·운영의 노하우는 다른 마을에서도 할 수 있습니다.

앞으로는 그 노하우를 연수 프로그램으로 만들어서 다른 마을에 전수하는 식의 기여도 하고 싶습니다. (모리나가 미쓰히로 미나미오구니마치 관광협회 사무국장, SMO CMO)

SMO 설립 당시, 구로가와 온천 관광여관협동조합의 조합장이었던 기타자토 유키는 SMO는 마을의 '관계안내소'라고 말한다.

SMO는 마을의 공식 관계안내소예요. 작은 마을이지만 관계인구 등 다양한 사람들이 많아요. 그런데 이들을 이어주는 창구가 그동안에는 없었죠. 이어주는 역할을 하는 관계안내소가 있으면 마을이 좀 더 잘될 것 같다는 생각을 늘 했어요.

지금은 미래 만들기 사업부 MOG를 거점으로 마을 내외의 여러 사람이 연결되기 시작했어요. 마을에서 주민뿐만 아니라 외지인도 활동할 수 있는 환경이 정비되고 있습니다.

외지인들이 활약하는 일은 마을에 있어서 좋든 나쁘든 자극이 됩니다. 외지인에게 기대는 것은 좋지 않다고 보는 사람도 있지만, 그렇게 말하는 것도 지금뿐일 겁니다. 앞으로는 확실히 '축소 사회'가 될 테니 그때 가서 마을 주민만으로 뭘 하고 싶다고 생각하면 이미 늦죠. 그래서 관계안내소가 필요한 겁니다.

위기감만으로는 오래 달릴 수 없습니다. 오래 달리려면 역시 즐거워야 하죠.

관계안내소가 생겨 주민도 새로운 일을 하기 쉬운 환경이 정돈되었습니다. 마을 여기저기에서 작은 성공 체험이 많이 생겨 마을 사람들의 수평 연대가 만들어질 것 같아요.

2016년 구마모토 지진으로 료칸은 좋든 나쁘든 마을에 큰 영향을 끼칠 수 있다는 것을 절감했어요. 코로나가 일어난 것처럼 이러한 위기는 또 온다고 생각합니다.

무슨 일이 일어나지 않기를 바라는 것만이 아니라 또다시 위기가 닥쳤을 때 얼마큼 견딜 수 있는지, 얼마큼 빠르고 강력하게 회복할 수 있을지가 중요합니다.

그 점에서 마을 전체가 벌어 마을에 이익을 남긴다는 마을경제 순환을 의식한 SMO 사업은 큰 의의가 있습니다. 구로가와 온천도 되도록 마을 전체의 이익에 공헌할 수 있는 활동을 목표로 하고 있습니다.

료칸은 이를테면 '마을의 쇼룸(전시장)'이에요. 마을을 포함한 일대의 문화권과 상권에서만 맛볼 수 있는 체험을 농업과 임업 등 여러 분야의 사람과 연대하여 제공하고 싶어요. 마을다운 새로운 상품이 생기면 료칸에서 취급하여 알리는 일도 가능합니다. 주민들도 좀 더 구로가와 온천을 이용해주면 좋겠네요. (기타자토 유키 구로가와 온천 여관협동조합 전 조합장·이사, 위원회 위원)

SMO의 감사인 시모죠 히로시는 SMO 설립 전에는 키요라카사의 임원이었다. 키요라카사를 가장 가까이에서 오랫동안 보아온 주민의 한 사람이다. 그는 SMO가 생긴 후 가장 큰 변화는 "꿈을 꿀 수 있게 된 것"이라고 말한다.

저는 SMO의 전신인 주식회사 키요라카사 시대부터 임원을 했습니다. SMO가 생기며 일어난 경험하게 된 제일 큰 변화는 '꿈을 꿀 수 있게 되었다'는 것입니다.

오랫동안 누적적자로 곤궁했던 시대를 생각하면 생각할 수도 없는 변화입니다. 지역상사로써 미나미오구니마치만의 상품을 확실히 판매할 수 있게 되었습니다. 고향납세에서도 이익을 내고 있습니다.

　이러한 실적을 발판으로 다음에는 마을 내의 산업 진흥, 산업 창출까지 이어지면 좋겠습니다. (시모죠 히로시 미나미오구니마 치 출하자협회 회장, SMO 감사)

　2020년 3월, 우리가 해 온 마을의 관광지역 만들기 3년 계약을 마 쳤다. 마지막 이사회에서 나는 다카하시 정장에게 물었다. "정장님, 마을은 변했습니까?"라고. 그러자 정장은 얼굴을 찡긋하며 이렇게 말했다.

　"변했다네~!"

　정장은 구체적으로 무엇이 바뀌었다고 생각하고 있을까.

　가장 큰 변화는 무엇보다도 키요라카사의 흑자화입니다. 2018 년 7월에 SMO가 설립되어 그해에 흑자가 되었지요. 28년간 적자 가 이어져 왔기에 그 효과는 컸지요. 7,000만 엔 이상을 넘는 채 무초과 직전의 누적적자도 가까운 시일 내에 해소할 수 있을 것 같습니다.

　코로나에도 불구하고 키요라카사의 매출은 전년을 웃돌고 있 습니다. 고향납세도 마찬가지예요. 관광을 축으로 정말 '마을 전 체가 벌기'가 실현되고 있습니다.

　SMO에서 42명을 고용하게 된 것도 큰 성과입니다. 이 마을 규 모에서는 생각할 수 없을 정도의 큰 고용입니다. 젊은이가 도전하고 싶어 하는 일도 많이 생기고 있어요.

코로나로 인해 이후에는 사람의 흐름이 변하겠지요. 도시에서 마을로 이주하는 사람이 증가한다고 생각합니다. 미나미오구니 마치에서는 SMO가 행정과 민간을 맺어주는 중간지원조직으로서 마을 주민과 외지인의 파이프 역할을 하기를 기대합니다.

이미 SMO의 미래 만들기 사업부에서는 창업과 사업 계승을 지원하고 있습니다. 외지인 직원도 여럿 재직하고 있습니다. 이 마을의 좋은 점뿐만 아니라 시골살기 특유의 불편도 감내하면서 이주하고 싶어 하는 사람들과 긴 인연을 만들고 싶습니다. (다카하시 정장)

돈 버는 로컬

주식회사 SMO미나미오구니의 KPI

KPI는 간결하고 실천할 수 있는 내용으로!

▼ 관광청 지정 필수 KPI

지표	데이터 유무	입수방법	산출방법
연박 숙박객 수	유	관광유입객 조사 활용	연박 숙박객 수 합계
여행소비액	무	만족도 조사 실시	평균소비단가×유입객수
방문자 만족도	무	만족도 조사 실시	통합 만족도 평균
반복방문 비율	무	만족도 조사 실시	반복 방문경험이 있는 응답자수 / 응답자수

▼ 미나미오구니판 DMO의 독자 KPI(초기 설정시)

지표	데이터 유무	취득방법	산출방법
웹 방문자 수	무	접속 로그 활용	접속건수(UU(유니크유저) 등)
관광상품 판매건수	무	판매정보의 활용	각종 투어 판매건수 합계
물산매출	유	물산관POS데이터의 활용	계산대 통과인수×평균 고객단가
외국인 연박 숙박객 수	유	관광 유입객 조사 활용	외국인 연박 숙박객 수 합계

관광청 지정 KPI와 마을 독자의 KPI를 설정하여 부족한 점을 찾고 타개방법을 모색하고 실행한다.

■2019년 KPI

▼ 관광청 지정 필수 KPI

성과 : 2019년

KPI	실적(괄호는 2018년 실적)		평가
연박 숙박객 수	381,757명 (367,331명)	전년비 104%	○
여행소비액	(숙박) 29,710엔 (24,452엔) (당일) 3,576엔 (3,797엔)	전년비 122% 전년비 94%	◎ / △
방문객 만족도	(숙박) 82.8% (80.2%) (당일) 80.0% (65.7%)	전년비 103% 전년비 122%	○
반복 방문비율	(숙박) 36.9% (35.9%) (당일) 79.5% (88.6%)	전년비 103% 전년비 90%	○ / △

▼ 미나미오구니판 DMO의 독자 KPI(초기 설정시)

KPI	실적(괄호는 2018년 실적)		평가
웹 방문자수	171,416 (65,010) ※PV(페이지 뷰): 306,199 (128,372)	전년비 264%	◎
관광상품 판매건수	드론 체험 쿠폰 판매수 : 200 (50)	전년비 400%	◎
물산매출	83,600천엔 (74,472천 엔)	전년비 112%	○
외국인 연박 숙박객 수	78,643 (86,994) ※동아시아의 관광객 대폭감소	전년비 90%	△

©2020 DHE Corporation

SMO가 만들어지며 바뀐 마을의 5가지

1 설립 이래 적자였던 회사가 2년 연속 흑자 달성

2 '양질의 산골'을 판매하는 디지털 마케팅 실현

3 '양질의 산골'에서 본격적인 지산지소 사업 시작

4 '양질의 산골'의 가치체험을 상품화

5 지역 사업을 '사람'의 수평구조로 구성하는 운영기반 확립

ⓒ 2020 DHE Corporation

돈 버는 로컬

SMO 비즈니스 모델의 사업체계

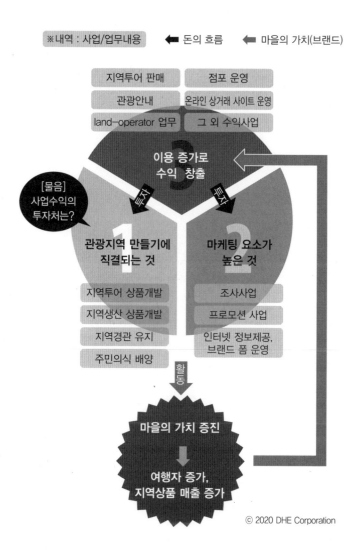

※ 내역 : 사업/업무내용 ◀ 돈의 흐름 ◀ 마을의 가치(브랜드)

지역투어 판매   점포 운영

관광안내   온라인 상거래 사이트 운영

land-operator 업무   그 외 수익사업

이용 증가로 수익 창출

[물음] 사업수익의 투자처는?

투자 투자

3

관광지역 만들기에 직결되는 것

1

마케팅 요소가 높은 것

2

지역투어 상품개발

지역생산 상품개발

지역경관 유지

주민의식 배양

조사사업

프로모션 사업

인터넷 정보제공, 브랜드 폼 운영

활동

마을의 가치 증진

여행자 증가, 지역상품 매출 증가

© 2020 DHE Corporation

제5장

미래의 목표는
'받은 만큼 베푼다'는
정신으로
계속 발전하는 것

코로나 위기 속에서도 끄떡없는 마을

2018년부터 2019년까지 SMO는 3개의 화살 전략을 실행하여 마을의 원동력을 마련했다.

그러나 2020년 코로나가 세상을 덮쳤다. 물론 미나미오구니마치에도 이는 예기치 못한 사태였다.

도도부현을 시작으로 이동의 자제가 시작되어 구로가와 온천의 관광객도 감소했다. 그 영향으로 구로가와 온천에 관련된 미나미오구니마치의 사업자도 힘들어졌다.

외국인 관광객의 방일이 사라지고 SMO에서 판매를 본격화하려던 인바운드 대상의 가이드 투어 판매에도 제동이 걸렸다. 판매 재개 전망이 보이지 않는 상황은 당분간 계속될 것이다.

그러나 마을이 전혀 벌어들이지 못하는 것은 아니다. 사업자 단위에서 보면 영향받는 곳이 있지만, SMO가 담당하는 키요라카사에서의 판매, 마을의 고향납세는 상향세다.

키요라카사에서는 4월과 5월에 매출이 급감했다. 2020년 4월 매출은 전년 대비 49%, 5월의 매출은 전년 대비 33% 줄었다. 5월 골든 위크에는 긴급사태선언과 정부의 외출 자제 요청에 동반한 휴업도 시행되었다.

그 후, 6월 매출은 전년 동월 대비 102%로 회복되었다. 7월 이후는 정부의 'Go To Travel' 캠페인* 때문이었는지 전년 대비 120% 정도의 추이를 보였다.

이 캠페인에서 도쿄 도민·도쿄 발착 제외가 해제되어 10월과 11월 매출은 전년 대비 150%까지 증가했다. 여기에 제3의 화살을 통해 미나미오구니마치다운 상품 라인업을 정돈한 것도 효력을 발휘했다. 그 결과, 2020년 4-10월의 매출 누계는 전년 대비 동시기의 누계를 상회하게 되었다.

고향납세도 지속적으로 상승세다. 2020년 기부액은 약 9억 5천만 엔으로 2019년도 기부액인 7억 4천만 엔을 웃돌았다.

2019년에 전년 대비 750%의 기부액을 받은 덕분에 마을의 재정에

---

*고 투 캠페인(Go To Campaign, Go To キャンペーン)은 2020년 코로나로 인해 피폐해진 경제를 살리기 위해 2020년 4월 일본 정부가 긴급경제대책으로 실시한 정책이다. 이 캠페인은 국토교통성의 Go To 트래블(Go To トラベル), 식사 수요를 늘리는 농림수산성의 Go To Eat, 이벤트 등 티켓 요금을 보조하는 경제산업성의 Go To 이벤트(Go To イベント), 상점가 진흥을 위한 Go To 상점가(Go To 商店街)로 구성되었다. (역주)

는 여유가 있었다. 그 돈으로 미나미오구니마치 협동형 역경 극복 챌린지 지원사업 보조금과 미나미오구니 코로나감염증 대책 지원 보조금이라는 마을 독자의 코로나 대책을 내놓게 되었다.

호조를 뒷받침하는 제4의 화살 추가

2018년과 2019년의 성과를 거쳐 나는 제3의 화살 전략에 제4의 화살 추가를 제안하여 이사회에서 승인받았다.

제4의 화살의 콘셉트는 '주변 마을과의 연대에 의한 마을 매출 조성'이다. 제3의 화살에 의해 코로나 속에서도 확실하게 버는 마을이 되었다. 그 과정에서 길러진 노하우와 SMO의 인재를 주변 마을과 공유하여 더욱 광범위하게 아소 지역의 가치를 향상하고자 한 것이다. 이는 2020년 이후의 방침이 되었다.

미나미오구니마치는 SMO 사업에 의해 마을에 산재해 있는 자원을 연결하여 관광자원으로 만들어 마을 전체가 돈을 벌게 되었다. 그 방식을 주변 지역에도 알려 함께 버는 구조를 만들고자 한 것이다.

키워드는 '받은 만큼 베풂'의 정신이다. 미나미오구니마치에서는 자가 재배 채소를 근처에 나눠주는 일이 일상적으로 이루어지고 있다. 특히 채소는 가정 소비량의 반 이상 나눔을 하는 세대가 전체의 약 30%를 넘는다. 마을에 뿌리내린 이 '나눔' 정신을 광역의 관광지역 만들기에 전파하고자 하는 것이다.

제1장에서 SMO 설립 전에 품고 있던 과제 3개를 소개했다. 이러

돈 버는 로컬

한 과제는 미나미오구니마치만의 문제가 아니다.

인구감소, 그중에서도 20-40대 노동인구 감소는 전국 대부분 지역에서 문제다. 단 하나의 산업에 의존하여 마을 전체가 벌지 못하는 것도 빈번한 현상이다.

거창한 시설을 만들었지만, 설립 당시의 계획대로 기능하지 못하는 제3섹터를 어떻게 할 것인가 하는 이야기도 흔하다.

당신이 살고 있는 마을은 어떠한가. 미나미오구니마치의 주변 마을도 미나미오구니와 비슷하거나 거의 그런 상황일 것이다.

이후 미나미오구니마치가 지속가능한 발전을 이어가고 싶다면, 자기 마을만 생각해서는 조만간 한계가 올 것이다. 따라서 아소 지역에 있는 마을 모두가 연대하여 노하우를 공유하고 부족한 것은 채워나갈 필요가 있다. 그리하여 한정된 자원을 유효하게 활용하게 되면 마을경제는 더욱 광범위하게 풍요로워질 것이다. 동시에 마을 전체의 가치도 향상될 것이다.

이 '주변 마을과의 연대에 의한 마을 매출 조성'이라는 콘셉트를 기초로 제4의 화살에서는 3개의 전략 방침을 세웠다.

> **[전략 방침 1]** 주변 마을의 공통 과제를 미래 만들기 사업의 노하우와 인적 자원 공유로 해결한다.
> **[전략 방침 2]** 전략 방침1을 통해 고향납세 업무의 노하우와 인적 자원을 공유하여 경제를 활성화한다.
> **[전략 방침 3]** 마을 브랜드화 사업을 진행한다.

미래 만들기 사업을 주변 마을에 확산

제4장에서 SMO 미래 만들기 사업으로서 창업 쥬쿠를 소개했다. 그 운영의 노하우를 활용하여 2020년에 인근 마을인 우부야마무라(產山村)와 '아소 퍼머스 캠프 by 우부창업·모노츠쿠리쥬쿠'*를 협동 개최하였다.

우부야마무라로부터 미나미오구니마치의 생산자와 모노 츠쿠리를 같이하고 싶다는 의뢰를 받아 기획한 프로그램으로서 아소 지역에서 음식 관련 종사자의 기술 향상과 네트워킹을 목적으로 한다. 지역 내외의 사람들이 함께 가공식품을 개발했다.

우부야마무라에만 한정하지 않고 일부러 문을 개방한 이유가 있다. 하나는 광역 지자체 단위에서 참여하면 마을에 좋은 자극이 될 것 같았고, 또 하나는 좁은 지역에서 두 마을만 하는 것보다는 그 범위를 넓히는 것이 시장 확대나 새로운 기회 창출에 유리하다고 판단했기 때문이다.

SMO가 아소 지역 전체의 이익을 생각하고 움직여 작은 연대를 쌓고, 미래에는 주변 마을과 협력하여 고향납세의 공통 답례품을 만들어 아소 지역 전체의 매력을 끌어올리는 일에 기여하기를 기대하고 있다.

제4장에서 소개한 ○○전략회의를 마을 밖에서 실시하는 것도 구

---

*모노 츠쿠리는 '제작'이라는 의미이다. (역주)

돈 버는 로컬

상했다.

지금 마을 내에서 진행하는 ○○전략회의는 주민들을 연결하여 사업을 만들고 문제해결을 하고자 하는 사업이지만, 그 과정에서 만든 프로젝트를 마을 외부에도 공개하여 새롭게 일하고자 하는 사람들이 만날 수 있는 장으로 활용할 수 있겠다고 생각한 것이다.

제2화살의 전략 방침 4에 담아낸 마을의 인사부 구상을 실현하기 위한 구체적 실천도 구상하고 있다. 미래 만들기 사업부의 아베 지히로는 "미나미오구니마치와 그 주변에는 고용 수급에 차이가 있다. 일이 없는 것도 아니고 사람이 없는 것도 아니다"라고 말한다. 그래서 우선 마을에 있는 일과 일손을 발굴하여 '시각화'하여 서로를 연결하려고 한다.

> 고용주는 "사람이 없다"라고 말하지만, 고용인은 "일이 없으니 마을을 떠날 수밖에 없다"라고 합니다. 그러나 일손을 찾는 일은 많이 있으며, 마을에서 일하고 싶다고 생각하는 사람도 많습니다.
>
> 이러한 수급 차이를 해소하기 위해 우선 마을에 어떤 종류의 일이 있는지 발굴하고 싶습니다. 또한 일의 종류뿐만 아니라 일의 내용까지 해석하고 분류하고 싶어요.
>
> 예를 들어 료칸 직원의 일은 예약 접수, 프론트에서 손님 응대, 욕실 청소, 방 청소, 정리, 식사의 상차림 등 여러 가지입니다. 이 모든 일을 단 한 명의 직원이 9시부터 17시까지 맡아야 한다며 구인 광고를 내면 거기에 지원할 사람은 극히 드물죠. 그러나 특정

아소 파머스 캠프(2020년도 개최)

우부야마무라와의 연대 사업

업무만 오전 근무, 오후 근무로 할 수 있다고 하면 지원자는 좀
더 많아질 수 있습니다.

동시에 인재 발굴도 이어갈 수 있습니다. 마을에 구직자는 얼마
나 있는지, 그 사람은 어떤 기술을 가졌는지, 어떤 근무 조건이면
일하기 좋을지 등 일과 사람의 정보를 미래 만들기 사업부의 코디
네이터가 상담한 후에 데이터베이스로 만들 계획입니다.

이런 과정을 관광업뿐만 아니라 다른 산업에도 적용하면 좋겠
지요. 앞으로는 마을 내외의 일손 발굴에도 활용할 수 있을 것 같
아요. (아베 고지 SMO 미래만들기 사업부 부장)

인근 마을의 고향납세 업무 지원

SMO는 2020년 5월부터 인근 마을의 고향납세 업무 지원을 시작
했다. 2018년 7월 SMO 설립 이후부터 고향납세 기부액은 순조롭
게 늘었다. 그러나 기부액 증가와 동시에 해야 할 일이 엄청나게 늘
었다. 더 높이 세운 기부금 목표를 달성하기 위해서는 새로운 인력
채용이 불가피했다. 그러나 신규 채용은 언제나 어려운 일이다.

마을에서 인력을 고용할 수 없다면 다른 지역에서 구해야 하는데
구마모토시에서 차로 1시간 30분이나 걸리는 미나미오구니마치까
지 출퇴근할 수 있는 사람은 좀처럼 찾을 수 없는 것이 현실이다.

따라서 인근 마을에 SMO의 인적 자원을 공유하게 하면서 고향납
세의 사무국 기능을 공유할 필요가 있다. 이렇게 되면 적은 인재를

갖고 인근 마을과 쟁탈전을 벌일 일도 없다. SMO로서는 사무 수수료를 받고 인재를 육성할 수도 있다. SMO가 가진 노하우와 인재를 공유하여 인근 마을과 공통 과제를 해결하면서 윈윈 관계를 만드는 것이다.

이런 의도에 따라 2020년부터 오구니마치의 고향납세 지원 업무가 공유되기 시작했다. 앞으로는 더 많은 마을로 그 범위를 넓힐 생각이다.

미나미오구니마치의 고향납세 운영에서 축적된 노하우를 다른 마을과 공유하고 있습니다. 다른 마을에도 훌륭한 상품이 있지만 그걸 효과적으로 전달할 수 있는 창의적인 궁리가 충분하지 못했죠. 좋은 답례품인 것은 알겠지만 상품 설명이 달랑 한 줄, 사진도 달랑 한 장 정도인 상황이었습니다.

지금은 나와 SMO 정보발신부 직원이 생산자를 방문해서 상품의 특징과 생산 가치 등을 취재하여 글을 씁니다. 하나의 상품을 소개하는 사진도 여러 장 찍습니다. 고기라면 포장한 상태로 찍는 것이 아니라 접시에 올려 생생하게 찍기도 합니다. 원료와 제조 과정, 점포도 촬영합니다. 이렇게 하니 다른 마을의 인기 상품이 우리 마을의 기부액을 넘는 사례도 나오더군요. (고이케 마사시 SMO 고향납세부 매니저)

인근 마을과 연대를 지향하는
마을 브랜드화 사업

키요라카사의 부활, 고향납세의 대폭 향상을 본 인근 마을로부터의 상담과 협력 요청이 점점 늘고 있다. 노하우를 공유하는 것은 CVS(Creating Shared Value) 철학에 기반한다.

CVS는 '공유가치 창조'를 의미한다. '사회문제 해결을 목적으로 한다', '장기적인 관점에서 사물을 생각한다', '다양한 이해관계자와 대화하고 협동한다'는 의미다.

미나미오구니마치가 지속적으로 발전하기 위해서는 아소 지역 전체의 발전을 염두에 두어야 한다. 마을 혼자만 노력하는 발전은 한계가 있다. 행정구역에 얽매이지 않고 공통의 역사·문화적 배경을 가진 아소 지역을 브랜드화하여 광역 단위로 매출을 올리는 것이 중요하다.

　느닷없이 '인근 마을과의 연대' 콘셉트를 내세우는 것보다는 우선 현실적인 연대를 다져가는 것이 중요합니다.
　구체적으로는 고향납세 업무 지원과 창업 쥬쿠의 노하우 공유를 통해 각 마을의 공통 고민을 해결하면서 신뢰 관계를 구축할 필요가 있습니다. 그렇게 해야 인근 마을과 계속 이어질 수 있습니다.
　그렇지 않으면 마을에 따라서는 기부액이 급증하는 미나미오구니마치가 손님을 뺏는다고 오해할 소지도 있으니까요.

넓은 범위에서 인재가 육성되면 그것이 돌고 돌아 미나미오구니마치의 매력을 최대화하는 것에도 영향을 줄 겁니다.

"왜 마을 밖 지역의 일을 SMO가 해야 하나"라는 말도 나올 수 있지만 SMO의 경영진과 마을사무소는 인근 마을과 장기적인 관계를 구축하는 것의 중요성을 크게 생각합니다.

지금의 미나미오구니마치는 중장기적인 리턴을 기대할 수 있을 정도의 체력을 가지게 되었습니다. 서두르지 않고 순리에 따라 인근 마을과의 신뢰 관계를 구축해야 합니다. (아베 고지 SMO COO)

홈페이지

SMO직원이 만든 오구니 마치 지역의 고향납세를 지원하는 홈페이지

SMPO의 3-4개의 화살 전략

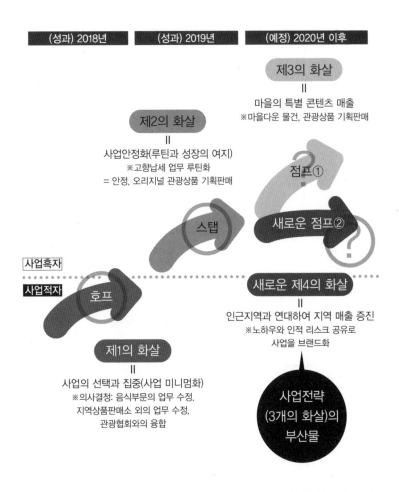

(성과) 2018년　　(성과) 2019년　　(예정) 2020년 이후

제3의 화살
‖
마을의 특별 콘텐츠 매출
※마을다운 물건, 관광상품 기획판매

제2의 화살
‖
사업안정화(루틴과 성장의 여지)
※고향납세 업무 루틴화
= 안정, 오리지널 관광상품 기획판매

점프①

새로운 점프②

스탭

사업흑자
사업적자

호프

새로운 제4의 화살
‖
인근지역과 연대하여 지역 매출 증진
※노하우와 인적 리스크 공유로
사업을 브랜드화

제1의 화살
‖
사업의 선택과 집중(사업 미니멈화)
※의사결정: 음식부문의 업무 수정,
지역상품판매소 외의 업무 수정,
관광협회와의 융합

사업전략
(3개의 화살)의
부산물

© 2020 DHE Corporation

사업전략(구체적 액션)

새로운 제4의 화살

||

인근지역과 연대에 의한 지역 매출 증진 ⇒사업전략(3개의 화살)의 부산물

※인근지역의 공통과제를 마을의 노하우와 인적 리스크 공유로 해결

전략방침 ①

◉인근지역의 공통과제를 미래만들기 사업의 노하우와 인적 리스크 공유로 해결

(1) 창업쥬쿠 협동개최

(2) ○○전략회의 협동개최

(3) '마을 인사부' 협동설립~정보 이용, 활용

전략방침 ②

◉전략방침①을 통해 고향납세 업무 노하우와 인적 리스크 공유로 경제활성화

(1) 지역상품 개발~발굴(감별)

(2) 상품등록~게재(채널 선정~operation)

(3) 마케팅(정보발신)

(4) 답례품 발송(operation)

전략방침 ③

◉지역브랜드화 사업

(1) CSV(Comma Separated Values) 관점에서 '양질의 산골'의 지역 협동전개

(2) 인근지역에서 정보발신 협동전개

일을 통해서

※CSV(Comma Separated Values): 사회문제의 해결을 목적으로 한다. 긴 시간축으로 일을 생각한다. 스케이크홀더와 대화, 협동한다 등을 의미하는 개념

SMO가 앞으로 시작할 5가지 일

1 '양질의 산골' 브랜드화

2 계속 지역에 투자할 수 있는 장치 만들기

3 일본을 대표하는 '양질의 산골' 콘텐츠 생산

4 '양질의 산골'의 미래를 '사람'을 통해 해결

5 인근 지역과 협력하여 지역결제활성화를 극대화

돈 버는 로컬

제6장

관광지역 만들기
성공 비결

DMO에 적용한 사업개발 관점

왜 미나미오구니마치는 이토록 잘되고 있을까.

SMO에 사업개발 관점을 적용하여 벌기 위한 엔진을 확고하게 집어넣었기 때문이다. 그렇게 이익이 발생하여 사람도 조직도 기능하기 시작했다. 그렇게 돈 버는 마을이 되었고, SMO도 전국에서도 몇 안 되는 자립 DMO가 되었다.

마을은 민간기업처럼 마을의 '이상적인 모습'이라는 비전을 정하고 그 목표를 달성하기 위한 사업 전략을 구상했다. 사업 전략은 실현 불가능한 것이 아니라 마을의 자원과 잠재력을 바탕으로 설정했다.

이 사업 전략을 착실히 실행하는 운영 능력도 중요한 성공 요인이다. 마을의 인재만으로 운영하기 힘들다고 판단하면 '외지인'의 지혜와 힘을 빌리는 것도 마다하지 않았다. 이 판단도 효과적이었다.

돈 버는 로컬

마을은 외지인의 지혜와 힘을 빌려서 사업개발 관점으로 마을을 운영하기를 원했다. 비즈니스 눈높이를 갖게 되면 사람과 돈이 모여 더욱 개성을 발휘할 수 있다. 마을의 매력에 공감한 사람들과 관계를 맺을 수 있어 그들이 마을의 문제해결에 힘을 보태줄 수도 있다. 그렇게 마을은 점점 발전하고 아울러 이주 희망자도 늘 것이다.

미나미오구니마치는 마을 외부의 컨설턴트에게 아픔을 함께해야 하는 큰일을 위임했다. 그 결과 적재적소에서 기능하는 조직이 만들어지고, 사업 전략도 착실히 실행할 수 있게 되었다.

마을에는 우수한 사람이 많다. '지방에는 사람이 없다', '적임자가 없다'고 하지만 절대 그렇지 않다. 능력을 발휘할 수 없는 장소에 있거나 운영자가 개인의 능력을 파악하지 못해 제 몫을 다할 기회가 없는 것뿐이다.

SMO는 관광협회와 지역상품 판매소의 인재를 적재적소에 배치하여 각자 제 능력을 발휘하게 했다. 그야말로 '적격'이라는 표현이 딱 맞는 것이었다.

실제로 SMO 직원들은 즐겁게 일하고 있다. 마지못해 일하는 사람은 없다.

마을의 '이상적인 모습'을 공유하여 마을을 매력적으로 만들기 위해 자신의 역할을 인식하며 일하고 있다. '갖춰야 할 자세'를 갖추고, 좋아하는 마을에서 살기 위해서 스스로 생각하고 행동하고 있다.

데이터에 근거하여 디지털 마케팅을 철저히 한 것도 마을 만들기 성공을 뒷받침했다. SMO를 통해서 마을의 풍요로운 자연과 산골의

디지털 마케팅의 성과

SMO 웹사이트 방문 분석

(2019.03.01.~2020.02.29., 2018.03.01.~2019.02.28. 기간과 비교)

▼웹사이트 방문 분석정보

기간	대상 기간 2019/03/01~ 2020/02/29	비교 기간 2018/03/01~ 2019/02/28	
모집력	171,416	65,010	➡ <u>전년 대비 264% 증가</u>
신규 모집력	127,708	46,853	➡ 전년 대비 273% 증가
반복방문 모집력	43,708	18,157	➡ 선년 대비 241% 증가
모바일 모집력	128,895	48,824	➡ 전년 대비 264% 증가
검색엔진력	116,309	16,269	➡ 전년 대비 715% 증가

지표 설명

모집력 : 방문자 수
신규 모집력 : 신규 방문 회수
반복 모집력 : 반복 방문 회수

모바일 모집력 : 휴대폰을 통한 방문자 수
검색 엔진력 : 검색 엔진을 통한 유입 수

(방문수) 신규와 반복방문

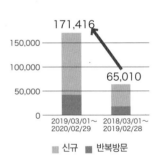

171,416

65,010

■ 신규 ■ 반복방문

페이지뷰 수

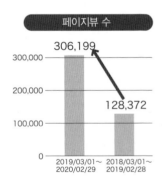

306,199

128,372

삶에 관심을 가지는 사람들에게 매력을 전달한 것이 주효한 것이다.

산골 재발견 미디어 SMOMO 액서스 데이터에 의하면 모든 지표가 상승세다. 이런 정보 발신력이 코로나 위기 속에서도 키요라카사와 고향납세의 호조에도 공헌한 것이다.

코로나 위기가 해소되어 사람들의 왕래가 가능한 날이 돌아오면 다시 미나미오구니마치에 매력을 느끼는 수많은 사람이 올 것이다. 가이드 투어를 시작으로 하는 킬러 콘텐츠의 매출도 본격적으로 이루어질 것이고, 마을에서 사람과 상품과 돈의 순환이 더욱 가속될 것이다.

마을을 둘러본 관광청의 히가키 사토시(檜垣敏)는 미나미오구니마치의 관광지역 만들기에 대해서 다음과 같이 평가했다.

인구감소와 그에 수반하는 마을경제의 쇠퇴는 대부분 마을이 안고 있는 공통 과제입니다.

SMO의 수지

	2017년	2018년	2019년
매출	6,890만 엔	9,351만 엔	12,925만 엔
영업이익	▲2,510만 엔	308만 엔	1,442만 엔
경상이익	▲885만 엔	2,863만 엔	5,068만 엔

미나미오구니마치는 그 과제에 관광 진흥과 물산 진흥을 통해 대응하고 있습니다. 마을 내외의 젊은이, 사업 후계자를 주축으로 분야를 초월하여 관광지역 만들기를 하고, 외국인 이주자의 관점을 받아들여 마을의 생활·문화·풍습을 관광상품으로 만드는 노력을 하고 있습니다.

지역상사 기능을 하는 조직이 고향납세를 담당하여 자립하고 거기에서 발생한 이익을 마을에 환원하는 SMO는 다른 마을에도 전할 수 있는 좋은 방식이라고 생각합니다.

관광청에서는 지방의 관광 소비 증대를 추진하고 있습니다. 미나미오구니마치가 마을이기 때문에 할 수 있는 고부가가치 상품 개발과 마을경제 순환 확대를 위해 앞으로도 꾸준히 정진하기를 바랍니다. (히가키 사토시 관광청 관광지역진흥부 관광지역진흥과 광역연대추진실장 겸 관광지역 만들기 법인지원실장)

마을 고유의 도전 기풍

미나미오구니마치의 관광지역 만들기가 잘되는 또 하나의 이유는 마을 고유의 도전하는 기풍이다.

관광객이 좀처럼 오지 않는 상황이 이어졌던 구로가와 온천을 재정비한 역사를 가진 미나미오구니마치. 다카하시 정장은 '배움, 도전, 마을 만들기'라는 기치를 걸고 여러 가지 방법으로 마을 만들기에 도전하고 있다. SMO를 중심으로 한 관광지역 만들기가 대표 사례다. SMO가 진행하는 미래 만들기 사업도 마을의 관계인구를 늘리고 싶다고 생각한 다카하시 정장이 세운 로컬벤처 사업이 근거가 되고 있다.

비용을 지원하는 미나미오구니마치 꿈 챌린지 추진사업 보조금, 마을의 자연환경과 경치를 살린 아름다운 마을 만들기를 위한 사업을 지원하는 미나미오구니마치 '일본에서 최고로 아름다운 마을' 만들기 사업 보조금 등 코로나 속에서도 독자적인 보조금 제도를 시행했다.

아이디어와 실행력이 있는 사람에 의해 훌륭한 마을이 만들어졌다. 그렇기에 열의 있는 사람들이 마을 밖에서도 모여든 것이다.

불씨를 연결하여 시너지를 만들어낸 SMO

도전을 만드는 마을 기풍에 대해서 다카하시 정장은 이렇게 말한다.

"'성공의 반대말은 실패가 아니라 아무것도 하지 않는 것'이라는 말이 있습니다. 나는 도전하는 마을을 만들고 싶습니다. 도전하는 개인이나 단체는 주위에 좋은 영향을 주는 불씨와 같아요.

이 불씨를 얼마나 많이 만들까. 그것이 정장으로서 나의 미션입니다.

인구가 줄고 고령자가 늘면 어쩔 수 없이 행정기관에 의지하는 사람이 늘어납니다. 그러나 젊은이가 적은 마을이니까 내가 해보자는 생각을 해주면 좋겠습니다. 마을은 그것을 지원하는 제도를 많이 준비하고 싶습니다. 하고 싶은 일을 가진 뜨거운 사람에게 도전의 기회를 제공하고 싶습니다. 그 사람의 도전과 활약을 보고 주위의 사람도 '무언가 해보자'고 생각하게 되길 바랍니다.

도전하는 사람은 목표도 높고 자율적인 에너지가 있습니다. 그러나 의지가 없는 사람에게 불을 붙이는 것은 에너지가 필요하고 시간도 오래 걸립니다.

마을에 스스로 도전하려는 사람이 늘면 한층 더 재미있고 즐거운 마을이 되지 않겠습니까. (다카하시 정장)

SMO가 생기기 전부터 미나미오구니마치에는 사실 '불씨'가 많았다. 각각의 불씨가 SMO를 매개로 연결되어 시너지가 생겼고, 마을의 잠재력이 최대로 발휘되어 '돈 버는 마을'로 다시 태어났다.

SMO도 설립 초기에 정한 마을과 조직의 '이상적인 모습'을 순리대로 실행하고 기능하게 만들어 불씨 하나하나를 소중히 키웠다. 그리하여 마을 전체에 큰 너울을 만들어내는 조직으로 성장한 것이다.

2020년 3월에 미나미오구니마치와 DHE의 계약이 끝났다. 이것으로 3년에 걸친 관광지역 만들기는 일단락을 맞이했다.

지금도(2021년 3월) 미나미오구니마치와 우리의 인연은 계속되고 있다. 나는 미래 만들기 사업의 멤버로서 창업 쥬쿠의 지원사업에 관여하고 있고 우리 회사의 직원도 SMO에 계속 파견하고 있다.

이 책은 "우리 마을에도 좋은 것이 있다", "버는 마을을 만들 수 있다"고 생각하는 사람이 있으면 좋겠다는 생각으로 썼다.

여전히 "우리 마을에는 아무것도 없다", "우리로서는 마을의 활성화는 불가능하다"고 생각하는 사람이 많지만, 나는 항상 "아무것도 없는 마을 따윈 없다"고 생각한다.

어느 마을이라도 훌륭한 마을자원, 관광자원이 많다. 그것을 발견하고 연마하여 마을 밖에 판매하는 데는 방법과 요령이 있다. 마을 주민들이 그것을 알지 못하거나 알고 있지만 본업이 바빠서 실행하기 어려울 뿐이다.

마을의 '이상적인 모습'을 정해 목표를 발견하고 사업개발 관점으로 그것을 향하는 길을 그린다. 관광지역 만들기의 핵심은 그것이다. 그다음 단계에는 마을 현장에서 '1. 발견, 2. 연마, 3. 연결'의 3단계를 따라 주민이 확실히 역할을 해내는 것뿐이다. 할 수 없는 부분과 모르는 부분에 관해서는 외지인의 지혜와 힘을 점점 빌리면서 마을과 사람을 움직이게 하는 것이다. 이 책에 소개한 '미나미오구니 모델'은 전국 어디라도 통용될 수 있는 모델이다.

마을 밖에서 보면 미나미오구니마치의 급성장은 기적처럼 보일 수도 있다. 그러나 이 기적은 진심으로 '바꾸고 싶다'는 의지를 갖추고 나름대로 행동한다면 어디서든 일어날 수 있다.

마지막으로 다카하시 슈지 정장과 마을사무소 직원 여러분, 마을 주민들, 그리고 SMO 직원들께 감사의 말씀을 전한다.

돈 버는 마을을 만들기 위한 방법을 제공한 것은 DHE일지 모르겠지만 실제로 그것을 이해하고 관광지역 만들기를 실천한 것은 마을의 여러분이다. 그 멋진 시도에 함께할 수 있어서 나도 용기를 얻었다. 마음으로부터 감사드린다.

이 책의 집필 과정에 많은 지원을 해준 CCC미디어하우스의 쓰루다, 취재·편집에 협력해주신 요코야마에게도 정말 감사드린다.

그리고 본 업무에 집중하게 도와준 아내 노조미와 딸 가스미레에게도 감사한다.

이 책이 독자 여러분이 살고 있는 마을에 도움되기를 바란다.

2021년 3월

야나기하라 히데야

관광지역 만들기 3단계

[1단계] 발견하기: '발견'을 목표로 관광자원의 싹 찾기

관광지역 만들기는 크게 발견하기·연마하기·연결하기라는 세 단계로 이루어진다. 이는 마을자원을 발굴하여 그 매력을 최대화하여 외부에 전달하는 과정이다.

마을 어디에 매력이 있는지는 사실 주민이 제일 잘 안다. 다만 주민은 마을 일을 잘 알고 있어도 내부인 관점에만 머물러 있기에 눈으로 보는 자원들의 가치와 매력을 눈치채지 못하는 경우가 많다. 그래서 외부인의 관점도 필요하다.

임업에 종사하는 주민에게서 이런저런 의견을 듣다가 최근 외지인 중에 "나무를 베고 싶다"라고 말하는 사람이 있다는 이야기가 나왔다. 외지인의 관점에서는 그런 이야기는 그냥 지나칠 수 없는 좋은

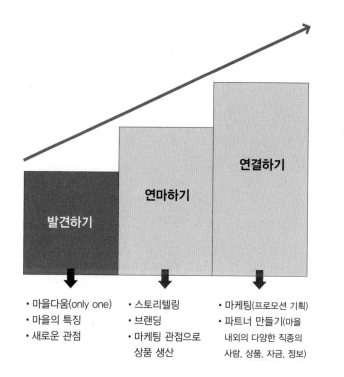

관광지역 만들기 3단계

발견하기
- 마을다움(only one)
- 마을의 특징
- 새로운 관점

연마하기
- 스토리텔링
- 브랜딩
- 마케팅 관점으로
  상품 생산

연결하기
- 마케팅(프로모션 기획)
- 파트너 만들기(마을
  내외의 다양한 직종의
  사람, 상품, 자금, 정보)

© 2019 DHE Corporation

이야기다.

나 같은 외지인은 "어떻게 이 마을의 자원을 관광자원으로 할 수 있을까", "돈을 벌 방법이 뭘까"라는 생각에 집중하기 때문에 그런 정보를 절대로 놓치지 않는다.

익숙한 일상에서 관광자원의 새로운 매력을 찾아내고 판단하기 위해서는 큰 노력이 필요하다. 수많은 정보에서 마을의 '이상적인 모습' '발견하기', 수많은 마을자원에서 관광자원이 될 만한 싹을 '발견하기'… 이런 단계를 착실히 밟아나가는 것이 중요하다. 그런 의미에서 우선, '발견하기'는 관광지역 만들기의 중요한 첫 단계이다.

마을에는 SMO 설립 이전부터 관광자원이 될 만한 싹을 잘 찾아서 이상적인 모습을 설정하고, 관광지역 만들기 3단계를 밟아가며 마을자원을 관광자원으로 갈고 닦아 성공한 사람들이 있다.

그중에 부모님의 제재소 목재를 활용한 제품을 연달아 출시한 ㈜ Foreque의 아나이 슌스케(穴井俊輔)는 특출난 존재다.

아나이 대표는 2017년 인테리어·라이프스타일 브랜드 'FIL'을 설립하여 미나미오구니마치가 위치한 아소의 역사와 문화가 깃든 제품을 개발·판매하고 있다. 지금은 미나미오구니마치의 고향납세 답례품으로 1,000만 엔 이상의 기부금을 모으는 인기 브랜드로 성장했다.

최근에는 구마모토 은행 내부 공사를 기획한 프랑스 유명 브랜드 까르띠에의 캠페인 사이트에 FIL 가구를 전시하는 등 국내외에서 주목받고 있다.

아나이는 미나미오구니마치 출신이다. 도쿄의 컨설팅 회사에서 근무했고 해외 유학을 거쳐 마을에서 부모님이 하시는 제재소 아나이 목재 공장에 들어갔다. 그러나 임업이 쇠퇴하는 모습을 보고 마을만의 고유 목재 브랜드를 설립해야겠다고 결심하여 마을의 자원인 오구니 삼나무를 관광자원으로 만들기 위해 노력했다.

　　　　　　　　돈 버는 로컬

브랜드의 '이상적인 모습'을 설정한 뒤에 주목받으려면 어떻게 해야 할까, 어떤 스토리텔링과 브랜딩, 마케팅을 해야 할까를 늘 고민했다. 그는 마을의 아름다운 경치와 사람들의 삶이 관광자원의 재료라는 SMO의 이념을 깨달은 대표적인 존재다.

부모님의 목재 공장을 돕기 위해 마을에 돌아왔는데 임업이 크게 쇠퇴한 모습에 놀랐어요. 목재 가격은 하락하고 목재 공장의 경영 상태도 어려웠죠. 어떻게라도 해봐야겠다는 생각으로 해결 방법을 찾기 시작했습니다.

산에 들어가 벌목하는 사람이 생계를 유지할 수 없다면 좋은 자재를 얻기 어렵고 우리 공장도 살 수 없는 상황이었어요. 우리 회사뿐만 아니라 마을 전체의 브랜드 가치를 높이고 싶다는 생각을 키워가면서 마을의 관광업 대표들이나 농업에 관심 있는 젊은 이들과도 교류하게 되었죠.

물론 다른 업종을 넘보진 않았습니다. 그저 제재소의 3대손 입장에서 양질의 목재를 얻기 위해 노력해본다는 생각이었어요. 그렇게 노력하다가 새로운 브랜드가 필요하다는 생각이 들었습니다.

우리 마을의 오구니 삼나무가 주목받기 위해서는 상징적인 브랜드가 있으면 좋을 것 같았어요. 유럽의 일류 브랜드처럼 오랫동안 널리 사랑받기 위해 보편적인 가치, 마을의 역사와 문화, 철학을 반영한 브랜드를 만들고 싶었습니다. 그래서 마을 역사와 삼나무를 공부하기 시작했습니다.

아나이 슌스케

아소의 쥐불놀이로 생긴 까만색에 창안한 FIL의 가구

돈 버는 로컬

브랜드 콘셉트를 만들기까지 1년 정도 걸렸습니다. 도쿄에서 오는 친구들은 "미나미오구니마치에 오면 가슴이 충만해진다"라고 말하곤 했어요. 사람들의 깊은 연대, 자연과 깊게 연결된 생활에 끌린다고 하더군요.

그래서 '사람과 자연의 깊은 연대'를 근간으로 하는 브랜딩을 정하고 그 가치를 전달하는 방법을 모색했어요. 그렇게 탄생한 것이 충만한 삶(Fulfilling Life)이라는 의미의 브랜드 'FIL'이에요. "당신에게 충만한 인생은 무엇인가"라고 묻는 브랜드죠. 오구니 삼나무로 만든 가구와 에센셜 오일 등이 중심 제품입니다.

FIL 제품은 미나미오구니마치의 고향납세 답례품이기도 해요. 제가 먼저 고향납세 위탁 업무를 하는 SMO에 부탁했어요. 온라인 사이트에서도 판매하지만, 기왕이면 고향납세를 통해서 구매해주면 좋겠다고 생각했거든요. 회사만 번창하는 것이 아니라 마을 전체에도 돈이 들어오니까요.

2020년 6월부터 미나미오구니 중학교의 도움으로 주 1회, 중학생 9명과 '팹랩(fablab)'이라는 목공 테마 활동을 합니다. 예전부터 나무에 관한 여러 가지 강좌와 체험을 제공하는 목공 교육을 하고 싶었어요.

교육용 목재는 중학생들의 할아버지들이 심은 나무인데 그걸로 목공 작업이나 오구니 삼나무 탐구를 진행하죠. 학생들이 기억하고 알고만 있게 돼도 나중에 다시 마을로 돌아올 수도 있다고 생각해요. 나무를 매개로 사람이 순환하는 마을을 만들고 싶

어요. (아나이 대표)

[2단계] 연마하기

관광지역 만들기의 1단계 발견하기 다음 단계는 발견한 마을자원을 갈고 닦아 관광자원으로 만드는 것이다. 발견하기로 현재화한 관광자원의 싹을 살려 성장시키는 것이다.

유무형의 상품을 판매한다는 점은 일반적인 사업 운영 원리나 관광지역 만들기나 마찬가지다. 그렇기에 연마 단계에서는 스토리텔링, 브랜딩, 마케팅이 필요하다.

○ 스토리텔링

발견 단계에서 파악한 마을의 관광자원 재료들, 예를 들어 자연, 음식, 경치, 문화재, 체험 등을 정리하여 마을만의 특징과 새로운 관점을 담은 고유의 스토리로 만들고 문장이나 영상으로 시각화한다.

스토리를 만들 때는 마을다움, 새로운 관점, 희소성, 시장의 관점 등을 고려하여 새로운 관심층에 호소한다.

예를 들어 SMO가 개발한 인바운드 대상 가이드 투어의 스토리는 다음과 같다.

이 마을에는 바쁜 도시 생활에서 벗어나 보다 심플한 가치관과 만날 수 있는 기회가 있습니다.

따뜻한 정이 넘치는 사람들과 함께 채소를 수확하고 함께 요리해서 나눠 먹는 소박한 행복을 공유합니다.

자전거를 타고 달려봅시다. 산들바람이 불어오고 마을 문화의 숨결을 느낄 수 있는 목가적인 풍경 속으로.

하늘로 뻗은 반듯하고 아름답고 온화한 삼나무 숲을 산책합시다. 일본의 임업 세계를 슬쩍 들여다볼 수 있습니다.

미나미오구니는 일본의 미개척 원시 문화의 진정한 모습을 체험할 수 있는 장소입니다.

첫걸음을 내디뎌 함께 일본을 탐구해보아요!

○ 브랜딩(차별화)

브랜딩의 정의는 사람에 따라 다양하다. 나는 브랜딩을 '구별 짓기' 혹은 '구별할 수 있는 상태로 만들기'로 이해한다.

브랜드라면 루이뷔통 같은 고급 브랜드를 떠올리며 '고급화하는 것'이라고 생각할 수 있지만, 그렇지 않다.

앞 단계에서 만든 스토리로 다른 마을과 내가 사는 마을을 적극적으로 구별하여 좋아하게 하는 것, 그것이 브랜딩의 본질이다.

예를 들어, 사람들은 구로가와 온천을 '료칸과 자연이 조화된 산골 온천'이라고 생각한다. 그런 이미지가 굳어지면 '구로가와 온천은 료칸과 자연이 조화된 고향 온천'이나 '구로가와 온천의 매력은 산골 풍경'이라는 이미지를 바로 떠올리게 된다.

이 브랜딩이 이루어지지 않으면 어떤 판촉 활동을 해도 사람들에게 상품의 느낌이 전달되지 못해서 상품을 팔 수 없다.

브랜딩은 발견 단계에서 실시한 조사와 분석 결과를 바탕으로 상품의 강점과 가치를 도출하여 브랜드 미디어에 반영하면 된다. 이런 과정을 반복하면 브랜드가 강화되는 것이다.

○ 마케팅(변화 대응)

마케팅의 정의도 사람에 따라 다르지만 나는 마케팅을 '세상의 필요에 따라 변화와 대응을 이어가는 것'이라고 생각한다. 세상의 필요는 항상 바뀐다. 그 변화에 맞춰 상품을 연마하는 것이 바로 마케팅이다.

예를 들어 2020년 코로나로 인해 세상은 크게 변했다. '3밀(密)'*을 피해야 하기에 여행에서 원하는 가치나 여행 스타일도 틀림없이 크게 변했을 것이다.

관광지역 만들기에서 마케팅은 그런 변화에 대응하며 상품이 팔릴 수 있도록 끊이지 않고 상품을 연마하는 것이다.

변화에 맞춘 마케팅 리서치(marketing research)와 변화 대응을 위한 시장을 테스트하기 위해 테스트 마케팅(test marketing)을 한다. 관광상품을 구매하는 고객의 인물 이미지를 가상의 인물인 페르소나(persona)로 설정하여 그 인물이 살 것 같은 행동을 예측하고 고객 맞춤 정보를 기록한다. 그러면 고객의 눈에 들 것 같은 장면과 타이밍을 파악할 수 있고, 이를 판매 촉진을 위한 정보로 활용

---

*3밀(密)은 밀집, 밀접, 밀폐를 의미한다. (역주)

할 수 있다.

관광상품의 가치를 소비자가 느낄 수 있는가, 납득할 만한 가격인가, 고객의 편리함을 고려한 유통 방식인가, 일방통행이 아니라 고객과 쌍방향 소통을 하는 판매가 이루어지는가 등을 마케팅을 통해 끊임없이 고민해야 한다.

상품을 만들어 파는 회사처럼 관광지역 만들기를 담당하는 법인도 마케팅은 필수다. 전국 각지의 관광지역 만들기를 보면 소비자를 상상하여 상품을 연마하는 것이 아니라 판매자의 형편에 따라 관광자원을 연마하는 사례가 많다. 그렇게 되면 고객을 모으기 어렵다.

[3단계] 연결하기

연결은 단적으로 말하면 정보를 제공하는 것이다. 연마 단계에서 다듬은 마케팅 전략을 기초로 마을과 상품의 정보를 알리는 단계다. 연결에는 두 가지 방향이 있다. 하나는 마을과 마을 밖을 연결하는 것이고, 다른 하나는 마을 내부를 연결하는 것이다.

○ 마을 밖과 연결

첫 번째 연결은 마을 밖으로 정보를 제공하여 마을 외부와 연결하는 것이다. 마을의 팬이나 관심이 있을 것 같은 사람에게 정보를 전달하는 단계다.

TV, 라디오, 신문, 잡지, 광고, 인터넷 광고, SNS, 웹미디어 등 정보제공 수단은 많다. 연마 단계에서 페르소나를 통해 파악한 정보를 근거로 페르소나와 접점을 만들기 쉬운 수단을 채택하면 된다.

예를 들어 활동적인 고령층이 페르소나라면 고령층이 많이 보는 신문과 잡지에 광고하면 된다. 미나미오구니마치의 관광지역 만들기에서는 젊은이나 도시에 살면서 전원 생활에 관심이 있는 층을 페르소나로 했으므로 SMO는 디지털 마케팅에 주력했다.

디지털 마케팅은 마케팅 전략에 근거한 인터넷 판매 촉진 활동을 의미한다. 구체적으로는 웹사이트와 SNS를 활용하여 정보를 제공한다. 매해 KPI(업무성과지표)를 확인하여 효과를 분석한다. 효과가 없으면 정보제공 방식을 바꾸는 때도 있다.

SMO는 산골 재발견 미디어 SMOMO(스모모, http://minamioguni.jp)를 새로 만들었다.

적극적으로 정보를 수집하는 계층은 인터넷에서 관심 있는 정보를 자주 찾는다. 따라서 미나미오구니마치의 정보가 구글 검색에서 상위에 표시될 수 있게 하려고 단순한 장소 정보가 아니라 어느 정도 원고량이 있는 기사를 게재했다.

기사는 SMO 정보제공 담당 직원이 작성했다. 마을 안을 취재해서 사진 찍고 문장을 작성했다. 페이스북과 인스타그램에도 올려서 산골에 관심 있는 페르소나에게 마을의 매력을 확실하게 전달했다.

또한 디지털 마케팅의 일환으로 SMO 유튜브 채널도 개설했다. 〈가지 씨 맥스 씨, 우짜든 개안해!(かじ×マックスのなんさんよかばい！)〉라는 10분 분량의 영상*을 제작해서 올렸다. '우짜든 개안해'

SMOMO

※출처: http://minamioguni.jp (역주)

는 아소 지역의 방언으로 '어쨌든 괜찮아요'라는 말이다.

출연자는 마을 주민인데 SMO 정보제공부의 가지하라 마유(梶原麻由)와 관광부의 스웨덴인 윌 맥스다. 두 사람이 마을을 돌아다니며 마을 사람, 먹거리, 관광 명소를 소개한다.

○ 마을 내부를 연결

두 번째 연결은 주민들을 연결하기 위한 정보제공이다.

＊https://www.youtube.com/channel/UCyRLb2ZSdxfbhXbsbTHO35w (역주)

관광자원의 싹을 한층 더 크게 키워 버는 마을로 만들기 위해서는 밖으로만 정보제공을 하는 것만으로는 부족하다. 마을자원을 관광자원으로 만들 때는 찬성하는 사람도 있지만, 반대하는 사람도 있다.

여러 사람과 합의하여 관광객을 맡으려면 마을 내부에서 연대가 이루어져야 한다. 그렇지 않다면 아무리 밖으로 매력적인 정보를 제공해도 관광객을 맞이할 수 있는 시스템 자체가 만들어지지 않는다. 연마 단계에서 애써 만든 마을의 이미지와 상품의 인상도 나빠진다.

SMO에서는 매해 사업 보고 설명회를 개최한다(2020년에는 코로나 때문에 개최하지 않음). 주민 누구나 참여하여 SMO의 사업, 성과, 결산에 관해 알 수 있다. 그러나 1년에 한 번만 개최하기 때문에 마을 안을 연결할 수 있는 정보제공으로는 충분하지 않다. 일상적인 정보제공이 필요한 것이다.

그래서 SMO는 마을사무소의 도움으로 케이블TV 방송을 한다. 이 방송에서 유튜브에 올린 〈가지 씨 맥스 씨, 우짜든 개안해!〉를 반복적으로 튼다. 그 외에도 마을 광고지 《키요라》에 SMO 관련 뉴스를 수시로 게재한다.

이러한 일상적인 정보제공을 통해 SMO 활동에 대한 이해와 공감이 생겨 합의가 형성된다.

웹사이트 기사와 유튜브 채널을 제작할 때의 취재 활동, 관광상품을 기획·구상하여 주민들과 상담하면서 틀을 만들어가는 과정도 마을을 연결하는 역할을 한다. SMO 활동을 통해 관광지역 만들기의 의미를 전달하고 마을 주민을 끌어들이기 때문이다. 그리고 그 활동의 결실로 나온 이익은 확실하게 주민에게 환원한다. 즉, SMO 가 매일매일 진행하는 모든 활동이 연결되는 것이다.

실제로 이런 정보를 보고 SMO의 활동에 협력하는 사람이 늘고 있다. "이 체험도 투어에 넣어 보면 어떨까?"라고 SMO에 상담하는 경우도 있다.

발견, 연마, 연결하기라는 세 단계는 많은 마을자원 속에서 관광 자원이 될 만한 것을 찾아내 연마하여 마을 안팎에 전하기 위한 중요한 단계들이다.

돈 버는 로컬은 사람을 얻는 로컬이다

이 책은 인구 4천 명밖에 안 되는 작은 마을이 1년에 고향납세 100억원을 받고, 상품기획과 판매에도 성공하여 '잘 버는 마을'이 된 과정을 기록한 것이다. '잘 버는'이라는 결과만 생각하면 고향납세 기부금 액수나 관광객 수만 생각하기 쉽지만, 이 책은 그러한 성과만 강조하지 않는다.

이 책은 DHE라는 외지 컨설턴트의 유능한 사업 수완을 소개하면서 외부 컨설팅을 받아보라고 권하는 책도 아니다. 문제의 내용을 알지 못하고, 새로운 제안을 받아들일 준비가 되어 있지 않다면, 아무리 좋은 컨설팅을 받아도 결코 성장하기 어렵다.

그리고 일회성 컨설팅만 하고 홀쩍 떠나는 것도 바람직하지 않다. 아이디어를 주민과 같이 만들면서 3년이라는 시간 동안 동고동락을 함께 했기에 더 의미 있는 시도였다.

이 책은 일본의 특정 마을이 꽤 잘한다고 사례만 소개하려는 것이 아니다. 적절한 시사점을 참고하면 되는 것이지 그 어디에도 모범 사례란 존재하지 않기 때문이다. 편의적인 베끼기는 많은 사람을 불행하게 만들 수 있다는 것을 언제나 유념해야 한다.

그렇다고 일확천금을 버는 것이 중요하다고 말하는 것은 더더군다나 아니다. 마을이 돈을 많이 벌어도 그 수익이 마을 주민 전체에게 골고루 돌아가지 못한다면 그건 또 다른 불행의 시작일 뿐이다.

이 책은 '누가', '어떻게' 버는 '구조'를 만들게 되었는가 하는 과정을 강조한다. 지역 외부의 컨설턴트로서 마을 재생에 참여한 필자는 그 과정을 담백하고 알기 쉽게 기록하고 있다.

'위기감만으로는 오래 달릴 수 없다. 오래 달리려면 즐거워야 한다.'

'다양한 관계를 작게 많이 만드는 경험이 중요하다.'

'나의 일상이 다른 사람에게는 비일상, 즉 특별할 수 있다.'

"아름다운 경치와 사람들의 삶을 관광자원 재료로 하는 것'이 가능해지려면 각각의 산업이 '산골의 아름다운 경치와 국민의 삶'을 축으로 가로로 연결되어 상품으로 만들어져야 한다.'

'무슨 일이 일어나지 않기를 바라는 것만이 아니라 또다시 위기가 닥쳤을때 얼만큼 견딜 수 있는지, 얼만큼 빠르고 강력하게 회복할 수 있을지가 중요하다.'

이런 말들은 지금의 우리나라 지역에서도 유념할 필요가 있는 말들이다. 거창한 건설과 토목으로 사람 없는 공간을 만드는 데 매진한다거나, 외부에 부끄러우니 아예 우리 지역의 '문제'라는 표현 자체를 하지 말자는 눈 가리고 아웅 식의 억지를 부리거나, 다른 건 모르겠고 일단 나부터 잘살고 봐야겠다며 내게 이윤이 돌아오지 않으니 모든 새로운 노력을 하는 사람들에게 무차별 비난을 가하는 상황이 되면 그야말로 '될 것도 안 된다'.

막연한 이상이 아니라 구체적인 모습을 데이터를 근거로 만들고, 내부의 힘이든 외부의 힘이든 뜻을 함께 할 수 있는 사람들과 협력하는 것, 그것이 성공의 첫걸음이다.

지방소멸시대 운운하지만, 지방은 사라지는 것이 아니다. 소멸이라는 표현이 주는 그 일방적인 압박이 지역의 시작 자체를 멈추게 하는 경향이 있다.

우리가 우리의 삶을 어디에서건 건강하게 지탱하기 위해서는 시작과 과정 그리고 결과가 늘 순환되고 움직이고 공유되어야 한다. 그것이 지역을 움직이는 엔진이고 화살이다.

지난 2022년 11월 11일 서강대 SSK 지역재생연구팀의 연구 책임자 류석진 교수님이 별세하셨다. 이 책의 번역 과정에서 선생님은 열심히 원고를 검토하셨고, 정성껏 의견을 제시해주셨다. 그렇게 이 책은 선생님과의 '마지막' 연구 작업이 되었다.

지난 5년간 선생님과 함께한 지역재생에 관한 공동연구 과정은 더

할 나위 없이 행복했다. 관계인구나 고향사랑기부금 개념을 두고 토론하면서 진정한 지역 삶의 질은 무엇으로 어떻게 구현할 수 있는가에 대한 많은 대화를 나눴다. 선생님이 안 계신 상황에서 연구를 진행하는 상황이 되어버린 것이 낯설고 힘들다. 무거운 마음을 안고 이 책의 마무리 작업을 진행했다. 이 책을 류석진 교수님 영전에 바친다.

여전히 우리나라의 지역살이는 행복하기 어려운 열악한 변수들에 노출되어 있다. 이 책을 통해 작은 지역이라도 그 어디보다 당당하게 행복해질 수 있다는 밝은 생각을 갖게 되고, 조금이라도 미래의 더 나은 지역살이를 위해 한 걸음이라도 내딛고 싶어 하는 사람들이 늘면 좋겠다.

2023년 5월
역자를 대표하여
조희정

돈 버는
로컬

DMO 지역관광 마케팅

ⓒ야나기하라 히데야

초판 1쇄 발행 2023년 5월 20일

지은이 야나기하라 히데야
옮긴이 윤정구·조희정
펴낸이 서복경
기획 엄관용
편집 이현호
디자인 와이겔리

펴낸곳 더가능연구소
등록 제2021-000022호
주소 04071 서울특별시 마포구 성지길 36-12, 1층(합정동, 꾸머빌딩)
전화 (02) 336-4050
팩스 (02) 336-4055
이메일 plan@theposslab.kr
인스타그램 @poss_lab

ISBN 979-11-981812-0-6   03300